T0210093

essentials

essentials liefern aktuelles Wissen in konzentrierter Form. Die Essenz dessen, worauf es als „State-of-the-Art" in der gegenwärtigen Fachdiskussion oder in der Praxis ankommt. *essentials* informieren schnell, unkompliziert und verständlich

- als Einführung in ein aktuelles Thema aus Ihrem Fachgebiet
- als Einstieg in ein für Sie noch unbekanntes Themenfeld
- als Einblick, um zum Thema mitreden zu können

Die Bücher in elektronischer und gedruckter Form bringen das Expertenwissen von Springer-Fachautoren kompakt zur Darstellung. Sie sind besonders für die Nutzung als eBook auf Tablet-PCs, eBook-Readern und Smartphones geeignet. *essentials:* Wissensbausteine aus den Wirtschafts-, Sozial- und Geisteswissenschaften, aus Technik und Naturwissenschaften sowie aus Medizin, Psychologie und Gesundheitsberufen. Von renommierten Autoren aller Springer-Verlagsmarken.

Weitere Bände in der Reihe http://www.springer.com/series/13088

Kristina Folz

Zeitmanagement bei der Abschlussarbeit

Perfektes Timing für die
Bachelor- und Masterthesis

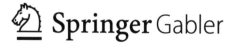

Kristina Folz
Pfungstadt, Deutschland

ISSN 2197-6708   ISSN 2197-6716   (electronic)
essentials
ISBN 978-3-658-28979-9   ISBN 978-3-658-28980-5   (eBook)
https://doi.org/10.1007/978-3-658-28980-5

Die Deutsche Nationalbibliothek verzeichnet diese Publikation in der Deutschen Nationalbibliografie; detaillierte bibliografische Daten sind im Internet über http://dnb.d-nb.de abrufbar.

Springer Gabler ist ein Imprint der eingetragenen Gesellschaft Springer Fachmedien Wiesbaden GmbH und ist ein Teil von Springer Nature.
Die Anschrift der Gesellschaft ist: Abraham-Lincoln-Str. 46, 65189 Wiesbaden, Germany

Was Sie in diesem *essential* finden können

1. Vorschläge für die Zeiteinteilung bei Bachelor- und Masterarbeit („Thesisfahrplan")
2. Tipps, wie Sie die Arbeitsbedingungen bei Ihrer Thesis möglichst optimal gestalten
3. eine Einführung in vier Techniken des Zeitmanagements, die Sie schnell und unkompliziert anwenden können
4. einen Überblick über typische Zeitfresser und Tipps, wie Sie diese erkennen und vermeiden
5. Techniken und Übungen, um Aufschieberitis und Schreibblockaden zu überwinden

Vorwort

Liebe Leserinnen, liebe Leser,

Ihr Studienende liegt in greifbarer Nähe, die Abschlussarbeit steht kurz bevor oder ist bereits in vollem Gange. Eine besonders spannende Phase des Studiums, aber für viele leider auch eine überaus stressige! In diesem *essential* möchte ich Ihnen praktische und leicht umsetzbare Tipps geben, wie Sie die Zeit der Bachelor- oder Masterthesis möglichst gut und entspannt gestalten können.

Was erwartet Sie in diesem Buch?

In Kap. 1 finden Sie einen Vorschlag für eine gelungene Zeiteinteilung: sowohl bei einer (achtwöchigen) Bachelorarbeit als auch bei einer (sechsmonatigen) Masterarbeit. Um die optimalen Arbeitsbedingungen geht es in Kap. 2. Denn die Art, wo, wann und wie Sie arbeiten, wirkt sich auch auf Ihre Produktivität aus. In Kap. 3 möchte ich Ihnen einige Zeitmanagementmethoden vorstellen, die Sie ohne aufwendige Einarbeitung anwenden können. Wie Sie Zeitfresser erkennen und vermeiden, ist Gegenstand von Kap. 4. In Kap. 5 erhalten Sie Tipps, wie Sie Aufschieberitis und Schreibblockaden überwinden können.

Damit die Lektüre dieses *essentials* für Sie nicht zum Zeitfresser wird, ist das Buch leicht verständlich und übersichtlich gehalten. Kleine Übungen regen dazu an, das Gelesene praktisch umzusetzen. Ich hoffe, dass Ihnen dieses Buch dabei hilft, die Abschlussphase des Studiums möglichst stressfrei zu überstehen. Viel Glück und viel Erfolg!

Pfungstadt
im Oktober 2019

Kristina Folz

Inhaltsverzeichnis

Zeitplan: von der Idee bis zur Abgabe 1

1.1 Ihr „Thesisfahrplan" – ein Vorschlag

Es gibt in Deutschland zwar keine allgemeine Regelung, wie viel Zeit eine Bachelor- oder Masterarbeit umfassen soll, an vielen Hochschulen gelten aber vergleichbare Vorgaben: zwei Monate Bearbeitungszeit für die Bachelorthesis und sechs Monate für die Masterthesis.

Eine relativ lange Zeit, die jedoch immer schneller zu vergehen scheint, je näher der Abgabetermin rückt. Nur in Ausnahmefällen ist es möglich, die Frist zu verlängern. Deshalb sollten Sie sich bereits vor der Anmeldung einige Gedanken zur Zeitplanung bei Ihrer Abschlussarbeit machen.

Natürlich haben Sie gegen Ende Ihres Studiums bereits einige Erfahrungen mit dem Schreiben wissenschaftlicher Arbeiten gemacht – und doch: Eine Thesis stellt noch einmal eine ganz eigene Herausforderung dar. Sie ist in der Regel weit ausführlicher und erstreckt sich über einen längeren Bearbeitungszeitraum als „normale" Seminararbeiten. Außerdem spielt sie bei der Abschlussnote eine nicht zu vernachlässigende Rolle. Das sorgt auch bei erfahrenen Schreiber(inne)n für Unsicherheit.

Überlegen Sie daher möglichst frühzeitig, wann Sie welche Aufgaben (Literaturrecherche, Lesen, Schreiben der Rohfassung etc.) abgeschlossen haben möchten. Achten Sie darauf, anfangs nicht zu viel Zeit mit Recherche und Einlesen zu verbringen, sonst verzetteln Sie sich leicht. Lesen Sie zunächst etwa ein bis zwei aktuelle Publikationen, die Ihr Thema überblickshaft beleuchten, machen Sie sich dabei Notizen und fangen Sie dann mit dem Schreiben an (vgl. Folz und Brauner 2017).

© Springer Fachmedien Wiesbaden GmbH, ein Teil von Springer Nature 2020
K. Folz, *Zeitmanagement bei der Abschlussarbeit,* essentials,
https://doi.org/10.1007/978-3-658-28980-5_1

▷   Erstellen Sie einen Zeitplan („Thesisfahrplan") – und tun Sie das schrift-
      lich! Denn beim Aufschreiben setzen Sie sich viel intensiver damit aus-
      einander, wie viel Zeit Sie haben und was in dieser Zeit zu tun ist, als
      wenn Sie das nur in Gedanken tun. Außerdem haben Sie so immer
      eine Übersicht parat und vergessen einzelne Arbeitsschritte nicht so
      schnell.

Im Folgenden möchte ich Ihnen zwei Vorschläge für Zeitplanungen machen,
die sich in der Praxis bewährt haben. Eine Übersicht über die Arbeitsschritte bei
einer achtwöchigen Bachelorarbeit finden Sie in Tab. 1.1. Nutzen Sie diese oder
erstellen Sie eine ähnliche Tabelle für Ihre Thesis. Dabei können Sie einzelne
Punkte abändern, ergänzen oder streichen – z. B., weil die Fragestellung bereits
vorgegeben ist und damit die Themenwahl wegfällt.

In Tab. 1.2 finden Sie einen Vorschlag für die Zeiteinteilung bei einer Masterarbeit. Da Sie hierbei deutlich mehr Zeit haben als bei einer achtwöchigen
Bachelorthesis, sind Sie etwas freier in der Zeitgestaltung. Achten Sie dabei
unbedingt darauf, genügend Pausen einzuplanen. Eine Abschlussarbeit ist ein
Marathon, kein Sprint!

1.2   Arbeiten ohne Zeitdruck – Puffer einplanen

Wer die Arbeit auf den letzten Drücker abgibt, hat vorher oft schlaflose Nächte.
Entspannter wird es, wenn Sie von vornherein eine gewisse Pufferzeit einplanen.
Wählen Sie als **Deadline beispielsweise einen Zeitpunkt, der eine Woche
vor dem tatsächlichen Abgabetermin liegt.** Falls etwas schiefgeht oder falls
Sie sich verkalkulieren, haben Sie so noch genug Zeit. Die Erfahrung zeigt:
Viele Absolvent(inn)en fallen bei der Abschlussarbeit zwischenzeitlich in ein
Motivationsloch (Abschn. 5.1), werden mit unvorhergesehenen Ereignissen oder
einem Problem konfrontiert, für das sich nicht sofort eine Lösung findet. Deshalb
sind Pufferzeiten so wichtig.

Drucken Sie keinesfalls zum letztmöglichen Termin. Unzählige Absolvent(inn)
en entdecken im Copyshop noch unglückliche Tippfehler auf Deckblatt und
Co., gelegentlich läuft beim Druck oder bei der Bindung etwas schief. Wer
dann keine Zeit mehr hat, um gegenzusteuern, hat ein echtes Problem –
oder zumindest ein ungutes Gefühl dabei, die Arbeit in diesem Zustand abzugeben.

Tab. 1.1 „Thesisfahrplan" Bachelorarbeit (zwei Monate)

Zeitpunkt	Arbeitsschritt
Woche 0 (vor der Anmeldung)	Thema wählen Erstgutachter(in) finden und mit ihm/ihr über die jeweiligen Erwartungen sprechen Zweitgutachter(in) finden Literatur recherchieren Brainstorming durchführen „Thesisfahrplan" erstellen
Woche 1	Arbeit beim Prüfungsamt anmelden Brainstorming fortsetzen Literatur recherchieren einlesen
Woche 2	Literatur lesen mit dem Schreiben beginnen Literatur recherchieren erste Gliederung erstellen
Woche 3	Rohfassung schreiben (Hauptteil) Literatur lesen mit Gutachter(in) über die Arbeit sprechen Gliederung ggf. beim Schreiben anpassen
Woche 4–5	Rohfassung schreiben (Hauptteil) Gliederung ggf. beim Schreiben anpassen
Woche 6	Einleitung und Fazit schreiben Feinschliff am Text vornehmen Korrektur lesen
Woche 7	Puffer andere die Arbeit gegenlesen lassen Änderungen der Korrektor(inn)en einfügen
Woche 8	letzte Änderungen vornehmen Thesis drucken lassen Arbeit abgeben

Im Idealfall haben Sie vor der Abgabe noch ein paar Tage Zeit, um die Thesis selbst noch einmal kritisch durchzulesen und zwei externe Korrekturleser(innen) mit Ihrer Arbeit zu „beglücken". Wenn eine fachfremde und eine fachkundige Person die Thesis noch einmal gegenlesen, hilft das dabei, letzte Lücken zu schließen und kleine Tippfehler zu korrigieren.

Tab. 1.2 „Thesisfahrplan" Masterarbeit (sechs Monate)

Zeitpunkt	Arbeitsschritt
Woche 0 (vor der Anmeldung)	Thema wählen Gutachter(in) finden und mit ihm/ihr über die jeweiligen Erwartungen sprechen Zweitgutachter(in) finden Literatur recherchieren Brainstorming durchführen „Thesisfahrplan" erstellen
Woche 1	Arbeit beim Prüfungsamt anmelden Brainstorming fortsetzen Literatur recherchieren einlesen
Woche 2–5	Literatur lesen Literatur recherchieren Rohfassung schreiben (Hauptteil) erste Gliederung erstellen
Woche 6	Literatur lesen Rohfassung schreiben (Hauptteil) mit Gutachter(in) über die Arbeit sprechen
Woche 7–13	Literatur lesen Rohfassung schreiben (Hauptteil) Gliederung ggf. beim Schreiben anpassen
Woche 14–17	Rohfassung schreiben (Hauptteil) letzte Aufsätze und Bücher lesen Gliederung ggf. beim Schreiben anpassen
Woche 18–22	mit Gutachter(in) über die Arbeit sprechen Einleitung und Fazit schreiben Feinschliff am Text vornehmen
Woche 23–24	Korrektur lesen andere die Arbeit gegenlesen lassen Änderungen der Korrektor(inn)en einfügen
Woche 25	Puffer letzte Änderungen vornehmen
Woche 26	Thesis drucken lassen Arbeit abgeben

Optimale Arbeitsbedingungen – so arbeitet es sich leichter

2

2.1 Arbeiten im eigenen Biorhythmus

Manchmal ist unser Körper einfach nicht bereit für Höchstleistungen. Das merken Sie etwa, wenn Sie im müden Zustand versuchen, einen kniffligen Fachaufsatz zu lesen. Vermutlich fangen Sie einzelne Absätze immer wieder aufs Neue an, ohne so recht zu verstehen, worum es geht. Das kostet Energie und bringt letztlich wenig.

Versuchen Sie deshalb, anspruchsvolle Aufgaben auf die Tageszeiten zu legen, wenn Sie wach und leistungsfähig sind. Phasen, in denen Sie weniger konzentriert sind, können Sie mit anspruchsloseren Tätigkeiten verbringen.

Viele Menschen sind vormittags am produktivsten. Mittags bzw. nachmittags kommt dann ein Leistungstief. Daran schließt sich ein kleineres Zwischenhoch am späteren Nachmittag an. Ihm folgt ein längerer Leistungsabfall bis zum nächsten Morgen. Vielleicht entspricht Ihr Biorhythmus dieser Normkurve (Abb. 2.1), doch vielleicht gehören Sie auch zu denjenigen, die eher am Abend zu Höchstleistungen auflaufen.

Falls Sie nicht genau wissen, wann Ihre persönlichen Leistungshochs und -tiefs sind, achten Sie in den nächsten drei Tagen einmal darauf, wann Sie besonders konzentriert arbeiten und wann Sie eher müde sind und eine Pause benötigen.

Tragen Sie Ihre Ergebnisse in Abb. 2.2 ein. Anschließend können Sie die Aufgaben, die Ihre Thesis mit sich bringt, optimal auf Ihren Biorhythmus abstimmen. Leistungstiefs eignen sich etwa, um das Literaturverzeichnis (in einer Rohfassung) zu erstellen oder im Bibliothekskatalog nach bestimmten Büchern zu suchen. Phasen, in denen Sie sehr konzentriert arbeiten können, verbringen Sie

© Springer Fachmedien Wiesbaden GmbH, ein Teil von Springer Nature 2020
K. Folz, *Zeitmanagement bei der Abschlussarbeit*, essentials,
https://doi.org/10.1007/978-3-658-28980-5_2

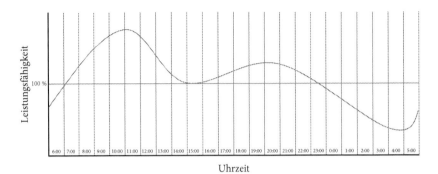

Uhrzeit

Abb. 2.1 Typische Leistungshochs und -tiefs (Normkurve)

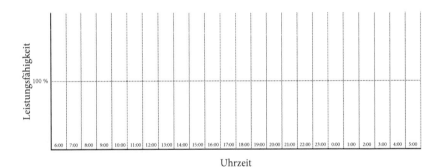

Uhrzeit

Abb. 2.2 Ihre persönliche Leistungskurve

im Idealfall mit der Lektüre schwieriger Fachtexte oder mit dem Schreiben Ihrer Thesis.

Pausen
Es ist längst kein Geheimnis mehr, dass Pausen die Produktivität steigern. Allerdings geht diese Erkenntnis im Alltags- oder Abschlussprüfungsstress gelegentlich unter.

Wenn Sie merken, dass Sie sich in einer konkreten Situation einfach nicht konzentrieren können, zwingen Sie sich nicht zum Weiterarbeiten. Langfristig haben Sie mehr davon, wenn Sie immer wieder Pausen machen, um die

Energiespeicher aufzufüllen, als wenn Sie erst mal lospowern und dann keine Kraft mehr haben.
Bereits sehr kurze Pausen von nur rund einer Minute wirken nachweislich regenerierend (vgl. Kögler 2011). **Gönnen Sie sich deshalb immer wieder kleine Erholungszeiten.** Einen Vorschlag für eine gelungene Pausenplanung finden Sie in Abb. 2.3.
Am besten wirkt eine Pause übrigens, wenn Sie sie nicht am Schreibtisch verbringen. Stehen Sie kurz auf, machen Sie ein paar Dehn- oder Rückenübungen, gehen Sie an die frische Luft oder zumindest ans Fenster. Auch ein Powernap von zehn bis 30 min kann neue Frische verleihen.

Abwechslung und Blockarbeit
Wer monotone Arbeiten verrichtet, wird schneller unkonzentriert und ermüdet leichter. Abwechslung hilft dagegen, länger konzentriert und – zumindest einigermaßen – motiviert zu bleiben. Das gilt für den Arbeitsalltag in Studium und Beruf ebenso wie für die Zeit der Abschlussarbeit (vgl. dpa 2014).
Versuchen Sie deshalb, Phasen des Schreibens mit denen des Lesens, des Recherchierens, des Brainstormings etc. abzuwechseln.

Dauer	Aktivität
30–45 Minuten	Arbeiten
1–5 Minuten	Minipause
30–45 Minuten	Arbeiten
10–20 Minuten	Kurzpause
30–45 Minuten	Arbeiten
1–5 Minuten	Minipause
30–45 Minuten	Arbeiten
45–60 Minuten	ausführliche Mittagspause
30–45 Minuten	Arbeiten
1–5 Minuten	Minipause
30–45 Minuten	Arbeiten
10–20 Minuten	Kurzpause
30–45 Minuten	Arbeiten
1–5 Minuten	Minipause
30–45 Minuten	Arbeiten

Abb. 2.3 Pausenplanung – ein Vorschlag

Tab. 2.1 Blockplanung

Blockplanung	„Chaos"
Block 1: einen Aufsatz lesen	eine Seite lesen
Block 2: wichtigste Informationen des Aufsatzes zusammenfassen	wichtigste Informationen von dieser Seite zusammenfassen
Block 3: Literaturrecherche (zwei Suchanfragen im Bibliothekskatalog)	etwas im Bibliothekskatalog recherchieren
Block 4: …	wieder eine Seite lesen

Zugleich ist es sinnvoll, gleichartige Aufgaben in Blöcke einzuteilen, z. B. einen für das Exzerpieren, einen für die Literaturrecherche etc. (vgl. Seiwert 2018). Sie können diese beiden Prinzipien – Abwechslung und Blockplanung – gut miteinander verbinden. Ein Beispiel, wie das aussehen kann, finden Sie in Tab. 2.1. Die Blockplanung bietet genug Abwechslung und ist zugleich wesentlich zeitsparender als die Alternative „Chaos".

2.2   Das Arbeitsumfeld

Es ist wissenschaftlich erwiesen: In einer gut beleuchteten Umgebung können Menschen bessere Leistungen erbringen als in einem düsteren Raum (vgl. Werth et al. 2013). Für Sie heißt das: **Sorgen Sie dafür, dass Ihr Arbeitsplatz gut ausgeleuchtet ist** – machen Sie in Ihrem Arbeitszimmer regelmäßig Licht an oder suchen Sie sich in der Bibliothek einen Platz am Fenster.

Achten Sie außerdem darauf, regelmäßig die Fenster zu öffnen. Wenn Räume zu selten gelüftet werden, steigt der CO_2-Gehalt in der Luft und folglich im Blut an. Die Blutgefäße erweitern sich, damit der Körper mehr Sauerstoff abbekommt. Dadurch sinkt der Blutdruck – und Sie werden müde (vgl. Merlot 2015). Durch Stoßlüften steigt der Sauerstoffgehalt in Luft und Blut wieder an. Sie können wacher und konzentrierter arbeiten.

Warme und trockene Heizungsluft kann sehr behaglich sein, für die Konzentration ist sie dagegen pures Gift. Als optimal gelten Zimmertemperaturen zwischen 20 und 23 Grad und eine Luftfeuchtigkeit zwischen 40 und 60 Prozent (vgl. Merlot 2015). Bei wärmeren und trockeneren Bedingungen verliert der Körper viel Flüssigkeit – und Sie werden schlapp.

Wer einem öffentlichen Ort arbeitet, Temperatur und Belüftung dementsprechend nicht beeinflussen kann, sollte zumindest viel trinken. Für alle anderen gilt: **viel trinken, mäßig heizen und regelmäßig lüften!** Wer beim Lesen oder Schreiben gerne Musik hört, tut seiner Konzentrationsfähigkeit ebenfalls keinen Gefallen. Diverse Studien ergeben, dass Geräusche – und dazu zählt auch Musik – die Denk- und Merkfähigkeit beeinträchtigen, selbst wenn wir das gar nicht bemerken (vgl. Klöckner 2012). Deshalb sollten Sie sich für die Arbeit an Ihrer Thesis einen ruhigen Ort suchen, **akustische Störquellen so gut wie möglich ausblenden** (z. B. Handy auf Flugmodus schalten, Ohrenstöpsel tragen, Zimmertür schließen) und – zumindest während des Lesens und Schreibens – auch auf musikalische Beschallung verzichten.

Übrigens: Durchschnittlich verbringen Menschen mindestens eine Stunde pro Tag damit, Dinge zu suchen (vgl. Mayer 2007). Diese Zeit können Sie mit Sinnvollerem oder Angenehmerem verbringen. Halten Sie an Ihrem Arbeitsplatz **Ordnung,** so verschwenden Sie möglichst wenig Zeit mit der Suche nach Büchern, Kopien und Co. (Kap. 4).

Zeitmanagementmethoden und Zeitspartricks im Überblick

3

„Gegenüber der Fähigkeit, die Arbeit des Tages sinnvoll zu ordnen, ist alles andere im Leben ein Kinderspiel." (Johann Wolfgang von Goethe)

Es gibt zahlreiche Methoden und Tipps, mit denen Sie Ihr Zeitmanagement optimieren können. Vier davon möchte ich Ihnen in diesem Kapitel vorstellen. Sie alle lassen sich schnell und ohne viel Einarbeitungszeit verstehen und anwenden.

Doch nicht alle Zeitmanagementmethoden passen zu jeder Persönlichkeit und sind in jeder Lebenslage geeignet. Probieren Sie daher für sich aus, was Ihnen hilft: Ändern Sie das ab, was Ihnen nicht gefällt, mischen und ergänzen Sie Elemente verschiedener Techniken – kurzum: Haben Sie keine Scheu, Ihre eigenen Zeitmanagementmethoden zu erfinden. Letztlich geht es darum, dass Sie gut durch die Abschlussphase des Studiums kommen – und nicht darum, eine Technik möglichst regelgetreu anzuwenden!

▶ **Zeit sparen, nicht verschwenden** Der Einsatz von Zeitmanagementmethoden soll Ihnen dabei helfen, Ihre Zeit sinnvoll zu strukturieren und Prioritäten zu setzen, und Ihnen nicht etwa Zeit stehlen! Damit Sie sich nicht bei der Planung Ihrer Abschlussarbeit verzetteln, sollte Ihr persönliches Zeitmanagement so einfach und unaufwendig wie möglich sein.

3.1 To-do-Listen

Bei der Abschlussarbeit gibt es jede Menge kleinerer und größerer Aufgaben, die zu erledigen sind. Hinzu kommen zahlreiche Termine und Deadlines, etwa Leihfristenden für Bücher oder Besprechungen mit dem Gutachter/der Gutachterin.

© Springer Fachmedien Wiesbaden GmbH, ein Teil von Springer Nature 2020
K. Folz, *Zeitmanagement bei der Abschlussarbeit,* essentials,
https://doi.org/10.1007/978-3-658-28980-5_3

Es ist anstrengend, sich all das zu merken und immer den Überblick zu behalten. Ein hervorragendes und denkbar einfaches Zeitmanagementinstrument sind klassische To-do-Listen. Erstellen Sie für jeden Tag eine detaillierte Aufgabenliste. Bei Bedarf können Sie zusätzlich eine Aufgabenliste für die jeweilige Woche anlegen.

Warum To-do-Listen?
To-do-Listen haben gleich mehrere Vorteile (vgl. Seiwert 2018).

- **Sie lassen sich ohne großen Aufwand erstellen:** Sie benötigen lediglich Stift und Zettel bzw. PC, Tablet oder Smartphone – und schon ist alles Notwendige vorhanden.
- **Sie entlasten das Gedächtnis:** Was man auf Papier (oder auf dem Rechner) hat, muss man nicht mehr im Kopf behalten. Das entlastet das Arbeitsgedächtnis, und Sie können sich besser auf Ihre aktuelle(n) Aufgabe(n) konzentrieren.
- **Sie sind übersichtlich:** Wer seinen Zeitplan lediglich im Kopf hat oder Aufgaben wahllos auf Klebezetteln notiert, verliert allzu leicht den Überblick.
- **Sie motivieren:** Es ist ungemein befriedigend, einen Punkt auf der Liste abzuhaken oder – noch besser – durchzustreichen.
- **Sie sind verbindlicher als ein gedanklicher Plan:** Wer sich nur einen gedanklichen Aufgabenplan macht, weicht schneller von den eigenen Vorgaben ab.
- **Sie helfen bei der Zeiteinteilung:** Wenn Sie regelmäßig To-do-Listen erstellen, bekommen Sie nach und nach ein Gespür dafür, wie viel Sie an einem Tag leisten können und wie viel Pufferzeit Sie einkalkulieren müssen.
- **Sie können nachträglich feststellen, wie viel Sie geschafft haben:** Wenn Sie Ihre alten To-do-Listen aufheben (oder archivieren), können Sie leichter nachvollziehen, wie viel Sie bereits geleistet haben. Das kann vor allem dann helfen, wenn Sie in ein akutes Motivationsloch fallen oder das Gefühl haben, überhaupt nicht voranzukommen.

Analog oder digital?
Digitale Aufgabenlisten haben den Vorteil, dass sie besonders übersichtlich sind und jederzeit geändert oder ergänzt werden können. Andererseits ist es ein wesentlich befreienderes Gefühl, einen Punkt manuell durchzustreichen, als ihn auf der Tastatur zu löschen.

Welcher der beiden Formen Sie den Vorzug geben, ist dementsprechend Geschmackssache.

Wenn Sie sich dafür entscheiden, eine **Tagesliste** und eine **längerfristige Liste** anzulegen, können Sie beide Formen mischen, indem Sie etwa eine analoge Tagesliste und eine digitale Wochenliste führen.

Tipps für eine gelungene To-do-Liste

- **Kleine Portionen:** Teilen Sie größere Aufgaben in kleine Schritte ein. So können Sie immer wieder einzelne Punkte durchstreichen. Diese Erfolgserlebnisse spornen an.
- **Nicht überfordern:** Notieren Sie nicht zu viel auf Ihrer Tagesliste. Eine Liste, die am Abend noch zahlreiche unerledigte Punkte enthält, demotiviert.
- **Prioritäten setzen:** Nicht alles, was Sie erledigen müssen, ist gleichermaßen wichtig! Priorisieren Sie deshalb Ihre Aufgaben. Fragen Sie sich dazu: „Welche Aufgabe bringt mich meinem Ziel näher? Welcher Arbeitsschritt ist unbedingt nötig, damit ich die Arbeit pünktlich und in vernünftigem Zustand abgeben kann? Was könnte zur Not liegen bleiben? Welche To-dos müssen vor einer bestimmten Deadline bearbeitet werden?"
- **Ein Punkt, der nicht fehlen sollte:** Auf Ihrer täglichen To-do-Liste sollten Sie auch den Punkt „Sicherungskopie" notieren. Machen Sie es sich zur Angewohnheit, am Ende des Arbeitstages ein Backup zu erstellen. Denn: Nichts ist ärgerlicher, als wenn die Arbeit mehrerer Tage oder Wochen der Technik zum Opfer fällt!
- **Arbeitsfreie Tage:** Planen Sie neben den regelmäßigen kleinen Pausen, die Sie über den Tag verteilen (Abschn. 2.1), auch längere arbeitsfreie Zeiten ein. Pro Woche sollten Sie mindestens einen Tag (besser zwei) komplett frei haben. Das ist nötig, um die eigenen Energiereserven immer wieder aufzufüllen und die Motivation nicht auf halber Strecke zu verlieren.
- **Zeitfenster verdoppeln:** Selbst geübte Schreiber(innen) planen für die meisten Aufgaben weitaus weniger Zeit ein, als sie tatsächlich benötigen. Deshalb gilt: Kalkulieren Sie für alle Arbeitsschritte immer wesentlich mehr Zeit ein, als Sie tatsächlich veranschlagen. Wenn Sie die Zeitfenster verdoppeln, sind Sie auf der sicheren Seite.
- **Unerledigtes verschieben:** Übertragen Sie unerledigte Aufgaben am Ende des Tages auf Ihre nächste Tagesliste. Das gilt auch, wenn Sie Wochenpläne erstellen. Freitagabend bzw. -nachmittag ist ein guter Zeitpunkt, um eine Liste der Aufgaben zu erstellen, die Sie in den kommenden Arbeitstagen angehen möchten. So schließen Sie gedanklich die aktuelle Woche ab und wissen in etwa, was die nächste Zeit bringen wird.
- **Liste einhalten:** Die beste To-do-Liste bringt nichts, wenn Sie sich nicht daran halten, regelmäßig zentrale Punkte ignorieren, durch andere ersetzen

Datum:

Aufgabe	Dauer	Priorität	Frist
	(geplante Zeit x 2)	(+ 0 −)	
Aufsatz von Barach et al. lesen	*40 Min.*	*0*	*16.1. (Buchabgabe)*
Forschungsstand für Einleitung zusammenfassen	*90 Min.*	*−*	*6.2. (Drucktermin)*
Nach Quelle suchen, die meine These in Kapitel 2.3 stützt	*40 Min.*	*−*	*keine*
Fragenkatalog für Gespräch mit Betreuerin erstellen	*40 Min.*	*+*	*morgen*
Gliederung ausdrucken für Gespräch mit Betreuerin	*5 Min.*	*+*	*morgen*
...	...	...	...

Abb. 3.1 Tägliche To-do-Liste – Beispiel

oder sich von Nebensächlichkeiten ablenken lassen. Gerade zu Beginn ist dazu eine gewisse Selbstdisziplin erforderlich, doch nach und nach wird die Aufgabenliste Teil des Arbeitsalltags – der Aufwand lohnt sich.

Ein Beispiel für eine gelungene To-do-Liste finden Sie in Abb. 3.1. Vielleicht möchten Sie sich daran orientieren oder auf dieser Basis eine eigene Form finden.

3.2   ALPEN-Technik

Bei der ALPEN-Technik geht es vor allem um den gekonnten Umgang mit To-do-Listen. ALPEN steht für die Anfangsbuchstaben der einzelnen Schritte, die bei dieser Technik durchlaufen werden (Tab. 3.1).

3.3   ABC-Analyse

Eine Methode, um Aufgaben zu priorisieren, ist die ABC-Analyse. Dazu fragen Sie sich: „Welche Aufgaben sind für das Erreichen meiner Ziele (in diesem Fall: die erfolgreiche und termingerechte Abgabe meiner Abschlussarbeit) am wichtigsten?"
Der Grundgedanke dahinter:

- Es gibt wenige wirklich wichtige Aufgaben (A-Aufgaben).
- Daneben gibt es einige mittelwichtige Aufgaben (B-Aufgaben).
- Die meisten Aufgaben sind eher unwichtig (C-Aufgaben).

Tab. 3.1 Die ALPEN-Technik

Aufgaben und Termine notieren	Schreiben Sie auf, was Sie erledigen müssen: Dazu zählen etwa neue Aufgaben, unerledigte Aufgaben vom Vortag, Pausen (!) und Termine.
Länge abschätzen und notieren	Wie viel Zeit werden Sie für die einzelnen Punkte benötigen? Schreiben Sie die anvisierte Zeit hinter die einzelnen Punkte und kalkulieren Sie großzügig.
Puffer einkalkulieren	Eine der Grundregeln des Zeitmanagements besagt, dass man nie mehr als 60 Prozent seiner Zeit verplanen soll (vgl. Seiwert 2018). Kalkulieren Sie deshalb ausreichend Zeit für Unvorhergesehenes ein. Vielleicht möchten Sie mit 50 Prozent Pufferzeit beginnen und nach und nach schauen, wie gut Sie mit Ihrer Zeit hinkommen?
Entscheidungen treffen	Wie bereits mehrfach erwähnt, gibt es unzählige Dinge, die Sie für Ihre Abschlussarbeit tun *könnten*. Wenn Sie wirklich alles angingen, würde das Ihre Bearbeitungszeit jedoch bei Weitem übersteigen. Deshalb müssen Sie Prioritäten setzen. Überlegen Sie dazu, welche Aufgaben besonders wichtig (und dringlich) sind, und gehen Sie diese möglichst bald an.
Nachprüfen	Am Ende des Tages sollten Sie kontrollieren, was und wie viel Sie geschafft haben, was auf die To-do-Liste des Folgetages kommen sollte und was sich möglicherweise komplett streichen lässt. Wenn Sie langfristig feststellen, dass Sie Ihren Zeitplänen immer hinterherhinken, sollten Sie mehr Pufferzeit einkalkulieren und Ihre Aufgabenlisten entschlacken.

Wenn Sie sich nun auf die wirklich wichtigen Aufgaben konzentrieren und die vielen nebensächlichen weglassen, kommen Sie Ihrem Ziel ein ganzes Stück näher (Tab. 3.2).

In der Praxis sieht die Aufteilung oft anders aus: Weil es so viele C-Aufgaben gibt und A-Aufgaben oft komplex und anstrengend sind, verbringen wir im Laufe eines Arbeitstages meist überproportional viel Zeit mit To-dos der Kategorie C.

Was heißt das für Sie? Fragen Sie sich bei Ihrer Tagesplanung immer, wie wichtig eine Aufgabe im Hinblick auf Ihr Ziel ist: eine gute/akzeptable Thesis zu schreiben und sie rechtzeitig abzugeben.

Tab. 3.2 A-, B- und C-Aufgaben – Übersicht. (Eigene Darstellung, inhaltlich angelehnt an Janson 2007, S. 76 f.)

Bezeichnung	Priorität	Anteil an den Gesamtaufgaben (%)	Zeitaufwand, den Sie dafür verwenden sollten (%)	Beispiel
A-Aufgaben	sehr wichtig	ca. 15	ca. 65	für morgiges Interview mit Expertin Fragenkatalog aufstellen
B-Aufgaben	mittelwichtig	ca. 20	ca. 20	Aufsatz darüber lesen, wie man Interviews mit Expert(inn)en führt
C-Aufgaben	(eher) unwichtig	ca. 65	ca. 15	fünften Aufsatz über ein Teilproblem lesen, das in der Thesis nur am Rande erwähnt wird

3.4   Eisenhower-Methode

Die Eisenhower-Methode, die ihren Namen dem gleichnamigen ehemaligen US-Präsidenten verdankt, ist für die Priorisierung von Aufgaben ebenfalls gut geeignet.

Sie sortieren Ihre Aufgaben dazu nach Dringlichkeit (dringend/nicht dringend) und nach Wichtigkeit (wichtig/nicht wichtig). So entsteht eine Matrix mit vier Feldern (Abb. 3.2).

- **Feld A (wichtig und dringlich):** Gehen Sie diese Aufgaben sofort an.
- **Feld B (wichtig, aber nicht dringlich):** Planen Sie derartige Aufgaben zu einem bestimmten Termin ein.
- **Feld C (dringlich, aber unwichtig):** Solche Aufgaben sollten Sie delegieren oder reduzieren.
- **Feld D (weder dringlich noch wichtig):** Aufgaben dieser Art dürfen Sie getrost vergessen oder auf die Zeit nach der Abgabe verschieben.

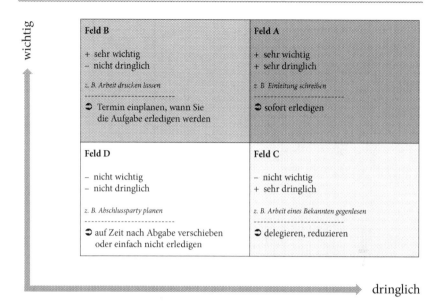

Abb. 3.2   Die Eisenhower-Matrix – Beispiel

Zeitfresser erkennen und vermeiden 4

Wie lassen sich Zeitfresser erkennen?

Haben Sie schon einmal mehrere Stunden damit verbracht, nach einem Aufsatz oder einem Buch zu suchen, um eine einzelne Textpassage zu belegen? Oder damit, das Literaturverzeichnis „auf Hochglanz zu polieren"? Dann ist Ihnen sicher bewusst, dass das ziemlich viel Aufwand für ziemlich wenig Ertrag ist. Das mag menschlich und weit verbreitet sein, effizient ist es nicht.

Welche Aufgaben bei Ihnen zum Zeitfresser werden, können Sie relativ leicht überprüfen:

- Fügen Sie beispielsweise in Ihrer To-do-Liste (Abschn. 3.1) neben der Spalte „veranschlagte Zeit" eine Spalte „tatsächlich benötigte Zeit" ein, die Sie ehrlich ausfüllen. Über mehrere Tage hinweg können Sie so gut erkennen, wofür Sie unnötig viel Zeit aufwenden. Wenn Sie viel Zeit für Dinge verwenden, die gar nicht auf Ihrer To-do-Liste stehen, ergänzen Sie diese Punkte in einer anderen Farbe auf Ihrer Liste. Auch das zeigt Ihnen schnell, wo Ihre Zeitfresser liegen.
- Wer lieber mit digitalen Tools arbeitet, kann den sogenannten „Zeitfressermesser" von KarriereSPIEGEL nutzen (https://bit.ly/2plTdHm). Das Online-Tool ist eine digitale Stoppuhr für verschiedene Aktivitäten. Geben Sie in die dafür vorgesehenen Felder ein, was Sie gerade tun, und starten Sie den Timer. Wenn Sie die Aufgabe wechseln, drücken Sie auf Stopp. Zu einem späteren Zeitpunkt können Sie die Stoppuhr weiterlaufen lassen oder neu starten. Bis zu fünf Aktivitäten können Sie gleichzeitig messen. Alternativ können Sie natürlich auch andere digitale Zeitmessungs-Tools verwenden, z. B. von Timesheet (https://timesheet.io) oder Toggl (https://toggl.com).

© Springer Fachmedien Wiesbaden GmbH, ein Teil von Springer Nature 2020   19
K. Folz, *Zeitmanagement bei der Abschlussarbeit,* essentials,
https://doi.org/10.1007/978-3-658-28980-5_4

Wenn Ihnen klar ist, wofür Sie besonders viel Zeit aufwenden, sollten Sie überlegen, wie wichtig die betreffende Aufgabe ist. Wenn es sich tatsächlich um
Zeitfresser handelt, die Sie nicht weiterbringen, treffen Sie geeignete Gegenmaßnahmen. Tipps finden Sie in Abschn. 4.1 und 4.2.

4.1   Typische Zeitfresser ...

Es gibt einige Dinge, die viele Absolvent(inn)en überproportional viel Zeit kosten, ohne sie dem Ziel – eine (gute/akzeptable) Abschlussarbeit zu schreiben und
termingerecht abzugeben – näherzubringen. Eine Liste dieser typischen Zeitfresser finden Sie in Tab. 4.1.

Tab. 4.1 Typische Zeitfresser bei der Abschlussarbeit

Zeitfresser	Erläuterung
Literaturrecherche ohne Plan	Zu vielen Themen gibt es massenweise Literatur: Auf-sätze, Studien, Stellungnahmen, Einführungen, Fach-bücher und vieles mehr. Wer nun planlos alles ausleiht, kauft, kopiert oder bestellt, riskiert, sich zu verzetteln.
Lesefallen	Zu den typischen Lesefallen, in die auch geübte Schrei-ber(innen) tappen, zählen vor allem die folgenden zwei: 1. Vor allem, wenn es viele Quellen zum Thema gibt, kann man ganze Wochen mit Lesen verbringen, ohne auch nur ein einziges Wort selbst zu Papier zu bringen. Das führt später oft zu akuter Zeitnot. 2. Publikationen, die zum Thema zu passen scheinen, werden von Anfang bis Ende aufmerksam durchgelesen – selbst, wenn nur einzelne Kapitel oder Teilstücke für die Arbeit relevant sind.
Suche	Mit der Suche nach bestimmten Gegenständen oder Informationen vergeuden die meisten Menschen viel Zeit – und das nicht nur bei der Abschlussarbeit.
Feinschliff vor Rohfassung	Wer gleich von Anfang an einen perfekten Text schreiben möchte und sich an jedem einzelnen Wort aufhängt, ver-schwendet nicht nur unnötig Zeit, sondern riskiert auch eine Schreibblockade (Abschn. 5.2).
Unterbrechungen	Unterbrechungen können sehr viel Zeit kosten: weil die nette Mitbewohnerin kurz zum Plausch ins Zimmer kommt, weil man gerade einen anregenden Chat bei WhatsApp führt, weil man innerlich abgelenkt ist, …

4.2   … und wie man sie vermeidet

Das Pareto-Prinzip
Der italienische Forscher Vilfrido Pareto stellte als Erster die Wahrscheinlich-keitsregel auf, dass man bereits in kurzer Zeit die wichtigsten Aufgaben erledigen kann, um den Rest der Zeit mit eher unwichtigem Kleinkram zu verbringen. Das daraus abgeleitete Pareto-Prinzip besagt:

- In 20 Prozent der eingesetzten Zeit können Sie 80 Prozent des gewünschten Ergebnisses erzielen.
- Umgekehrt benötigen Sie die restlichen 80 Prozent der Zeit, um die übrigen 20 „Feinschliff-Prozent" zu erarbeiten.

Das klingt zunächst ziemlich übertrieben. Aber denken Sie einmal an Ihre letzte Seminararbeit zurück: Wie viel Zeit haben Sie gebraucht, um eine Rohfassung Ihres Texts zu verfassen, die schon akzeptabel, aber nicht wirklich toll war?

Wie viel Zeit haben Sie in den Feinschliff investiert – um Zitate richtig einzu-bauen, den Stil zu überarbeiten, kleine Randinformationen zu recherchieren, doch noch einen weiteren Aufsatz durchzulesen, die Arbeit schön zu formatieren, das Literaturverzeichnis zu optimieren, …?

Was lässt sich daraus folgern? Natürlich nicht, dass Sie in Ihrer Bachelor- oder Masterthesis schludern sollen, aber Sie können sich doch regelmäßig bei Ihren Aufgaben fragen, wie viel sie Ihnen letztlich nützen. Je knapper die Zeit, umso wichtiger ist es, Prioritäten zu setzen (Kap. 3).

Zeitfresser 1: Literaturrecherche ohne Plan
Dazu zunächst einmal etwas Grundsätzliches: Ein gutes Literaturverzeichnis zeichnet sich durch folgende Punkte aus (vgl. Folz und Brauner 2017):

- Die Quellen sind aktuell.[1]
- Verschiedene Forschungspositionen werden berücksichtigt.
- Die Quellen sind seriös.

---

[1]Was als veraltet gilt, hängt wesentlich vom Forschungsgebiet ab. Beginnen Sie in jedem Fall trotzdem mit den neueren Quellen.

- Die Veröffentlichungen renommierter Expert(inn)en wurden berücksichtigt.
- Zentrale Gedankengänge der Abschlussarbeit sind mit Quellen belegt, sofern es sich nicht um eine experimentelle Arbeit handelt.

Natürlich können Sie zu Beginn der Literaturrecherche noch nicht wissen, welche Bücher und Aufsätze diese Kriterien erfüllen. Das erkennen Sie erst, nachdem Sie sich eingelesen haben. Dennoch ist es sinnvoll, systematisch an die Literaturrecherche heranzugehen: Wenn Ihnen erst einmal drei bis fünf aktuelle Publikationen zu Ihrem Thema vorliegen, können Sie sich von dort aus „weiterhangeln". Während des Lesens tauchen sicher immer wieder die Namen bedeutender Wissenschaftler(innen) auf. Deren Veröffentlichungen zum Thema sollten Sie auf jeden Fall zurate ziehen. Gleiches gilt für widerstreitende Forschungspositionen: Wenn es zwei Ansätze gibt, sollten Sie beide (zumindest kurz) vorstellen und belegen. Dazu müssen Sie sich die entsprechenden Quellen angeschaut haben.

> **Wichtig** Das heißt aber auch: Alles, was darüber hinausgeht, ist Kür, keine Pflicht.
> Stellen Sie die Literaturrecherche spätestens dann ein, wenn die Rohfassung Ihrer Arbeit steht (Kap. 1).

Möglicherweise finden Sie auch später noch neue (spannende) Literaturquellen. Doch Sie können unmöglich alle Publikationen zum Thema lesen und verwenden. Dazu reicht erstens die Zeit nicht, und zweitens demonstrieren Sie durch eine kluge Auswahl an Sekundärliteratur, dass Sie eigenständig und kritisch denken.

> **Lesetipp** Ausführliche Tipps, woran Sie gute Literatur erkennen und wie Sie eine geeignete Auswahl treffen, finden Sie in dem Buch „Studi-SOS Bachelor- und Masterarbeit" (Folz und Brauner 2017).

Zeitfresser 2: zu lange Lesephase
Wie auch bei der Literaturrecherche gilt hier: Gehen Sie systematisch vor und fangen Sie erst einmal damit an, besonders wichtige (aktuelle oder als Standardwerk geltende) Publikationen zu lesen, um sich einen Überblick zu verschaffen.
Stichpunktartige Notizen helfen Ihnen dabei, die Kernaussagen zu behalten. Wenn Sie das Gefühl haben, dass Sie einen groben Überblick über die wichtigsten Aspekte Ihres Themas gewonnen haben und die zentralen Forschungspositionen kennen, sollten Sie mit dem Schreiben beginnen.
Wann dieser Zeitpunkt erreicht ist, ist auch eine Typfrage: Manche Menschen brauchen etwas mehr Informationen, um sich einigermaßen sicher zu fühlen,

andere wiederum beginnen sehr früh mit dem Schreiben. Damit Sie sich nicht verzetteln, sollten Sie sich eng an Ihren „Thesisfahrplan" (Abschn. 1.1) halten. Möglicherweise handelt es sich bei dieser Lesefalle auch um eine subtile Form einer Schreibblockade oder der Aufschieberitis. In Kap. 5 finden Sie einige Tipps, um diese Probleme zu überwinden.

Zeitfresser 3: zu genaues Lesen
Sie müssen nicht alle Publikationen, die Ihnen vielversprechend erscheinen, Wort für Wort durchlesen!

Schauen Sie sich lieber zuerst das Inhaltsverzeichnis, Zwischenüberschriften, Zusammenfassungen, den Klappentext oder Abstract, Abbildungen oder Hervorhebungen an. So erhalten Sie einen schnellen Überblick, welche Kapitel bzw. Absätze für Sie relevant sind. Auch das Querlesen ist eine gute Methode, um sich einen Überblick zu verschaffen. Wichtige Passagen sollten Sie in einem nächsten Schritt konzentriert und in Ruhe durchlesen und in Ihre Rohfassung einarbeiten.

Zeitfresser 4: Suche
Vielleicht kennen Sie diese Situation: Sie streichen beim Lesen wichtige Passagen an oder kleben eifrig Post-its an die entsprechenden Stellen. Als Sie einige Zeit später mit dem Schreiben beginnen, wissen Sie genau: „Dazu habe ich doch irgendwo eine sehr interessante Textpassage gelesen – aber wo?" Die Suche nach der Information ist langwierig und im schlimmsten Fall auch noch ergebnislos.

Der Zeitmanagementexperte Jeffrey Mayer (2007) schätzt, dass wir pro Tag mindestens eine Stunde damit verbringen, Dinge – seien es Gegenstände oder Informationen – zu suchen. Ein echter Zeitfresser! Mit guter Organisation können Sie dem vorbeugen (oder die Suchzeit zumindest verkürzen). Keine Frage, auch ein Literatur-Ordnungssystem kostet Zeit. Aber es lohnt sich auf jeden Fall, denn: Doppelte Planungszeit ist halbe Umsetzungszeit![2]

Ordnen Sie Ihre Bücher und Aufsätze so an, dass Sie den Überblick behalten. Im Idealfall lesen und schreiben Sie parallel an Ihrem Rohtext. So können Sie nach der Lektüre gleich notieren, woher Ideen oder Zitate stammen. Wer zuerst liest und dann schreibt, muss besonders umsichtig vorgehen. Dabei können Sie etwa die folgenden Tipps anwenden: Notieren Sie stichpunktartig auf Karteikarten, auf welchen Seiten eines Buchs wichtige Passagen stehen. Diese Karten

---

[2]Einen ausführlichen Vorschlag für ein praktisches Ordnungssystem finden Sie im Ratgeber „Studi-SOS Bachelor- und Masterarbeit" (Folz und Brauner 2017).

legen sie in die ausgeliehenen oder gekauften Bücher ein. Aufwendiger, aber auch genauer ist ein elektronisches Verzeichnis über die verwendeten Publikationen. Notieren Sie neben den Namen der Autor(inn)en, den Titeln und dem Erscheinungsjahr stichpunktartig, was Sie daraus für Ihre Arbeit mitnehmen – natürlich jeweils mit Seitenangabe.

Ein paar praktische Ordnungstipps
- Heften Sie Kopien in diversen Ordnern ab (z. B. „wichtige Literatur, bereits gelesen", „sollte ich noch lesen" und „kann ich zur Not weglassen").
- Bücher können Sie in mehrere Kartons legen, die Sie ebenfalls nach Wichtigkeit und Bearbeitungsstand unterscheiden.
- Wenn Sie beim Überfliegen feststellen, dass einzelne Publikationen nicht wichtig sind, sortieren Sie sie sofort aus.
- Versuchen Sie, das Zettelchaos auf dem Schreibtisch bzw. im Arbeitszimmer einzudämmen: Verzichten Sie auf Post-its, heften Sie lose Papiere ab oder sortieren Sie sie aus.
- Räumen Sie am Ende des Tages unbedingt Ihren Arbeitsplatz auf! Das schafft auch Ordnung im Kopf.

Zeitfresser 5: Feinschliff vor Rohfassung
Zu Beginn des Arbeitsprozesses ist nicht immer klar, welche Textpassagen in der finalen Arbeit noch stehen werden, welche dramatisch gekürzt, umformuliert, gestrichen oder verschoben werden. Deshalb wäre es immense Zeitverschwendung, bei der ersten Textversion bereits auf perfekte Formulierungen, Rechtschreibung und Grammatik zu achten. Eine Rohversion ist schließlich genau das: eine **Rohversion.** Erst wenn alle Inhalte feststehen und klar ist, dass die Gliederung so bleibt, sollten Sie sich an den Feinschliff machen.

Gleiches gilt für Einleitung und Fazit: Natürlich dürfen Sie sich im Laufe des Arbeitsprozesses immer wieder Notizen zu diesen beiden zentralen Kapiteln machen, aber an die Ausformulierung sollten Sie sich erst dann wagen, wenn die Gliederung feststeht und Ihre Ergebnisse gesichert sind – also gegen Ende des Schreibprozesses. Planen Sie für Einleitung und Fazit aber auf jeden Fall genug Zeit ein, denn die meisten Dozent(inn)en lesen diese beiden Teile besonders genau (vgl. Folz und Brauner 2017).

Zeitfresser 6: Unterbrechungen
Einer der am weitesten verbreiteten Zeitfresser bei der Abschlussarbeit (und vermutlich auch sonst) sind die zahlreichen Ablenkungen und Unterbrechungen, die uns von der konzentrierten Arbeit abhalten. Ein Beispiel:

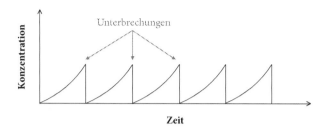

Abb. 4.1 Der Sägezahn- bzw. Sägeblatteffekt

Sie lesen einen spannenden Artikel zu Ihrem Thema und machen sich neben-
bei Notizen. Während Sie schreiben, fällt Ihnen ein, dass Sie zu diesem Aspekt
Ihres Themas noch weitere Quellen benötigen. Sie öffnen den virtuellen Bibliothekskatalog und beginnen mit der Recherche. Dabei sehen Sie, dass Sie drei
neue E-Mails bekommen haben, die Sie gleich lesen und beantworten. Anschließend suchen Sie weiter nach Quellen. Dabei stoßen Sie auf ein Buch, das Sie
bereits ausgeliehen haben, das Ihnen aber vorerst gar nicht so wichtig erschien.
Interessant! Sie unterbrechen die Literaturrecherche, um das Buch einmal näher
anzuschauen. Bevor Sie sich richtig hineinvertiefen können, klingelt Ihr Telefon
…

Wenn wir unterbrochen werden, brauchen wir anschließend immer ein wenig
Zeit, um wieder in das hineinzufinden, was wir zuvor getan haben. Unser Kon-
zentrations-Level nimmt ab und baut sich erst nach und nach wieder auf. Fachsprachlich wird das als Sägezahn- bzw. Sägeblatteffekt (Abb. 4.1) bezeichnet.

Weil Unterbrechungen nicht immer nur von außen kommen, sondern oft durch
innere Ablenkung entstehen, lohnt es sich, auch diese Art der Unterbrechung
genauer zu betrachten.

Innere Unterbrechungen
Wenn Ihnen zwischenzeitlich immer wieder Dinge einfallen, die Sie noch zu erledigen haben – ob diese nun mit der Thesis zu tun haben oder nicht –, notieren
Sie sie einfach auf Ihrer To-do-Liste (Abschn. 3.1). So vergessen Sie die Aufgabe
nicht, verschwenden aber auch keine Zeit mit dem **Gedanken an Unerledigtes.**
Sie haben geistige Kapazitäten frei für Ihre eigentliche Arbeit, auf die Sie sich
dann wieder vollständig konzentrieren können.

Vielleicht beschäftigt Sie aber auch ein **privates Problem.** Wenn Sie den Kopf
nicht frei bekommen, kann es helfen, Belastendes auf einem Stück Papier oder in

einer Datei zu notieren. Schreiben Sie dabei nicht nur auf, was Sie belastet, sondern auch, welche Lösungen Ihnen dazu einfallen. Ein Beispiel:

*Habe Zoff mit Mitbewohner gehabt, weil er sein unbenutztes Geschirr immer rumstehen lässt. Waren beide voll gestresst und haben uns im Ton vergriffen. →
In ruhiger Minute klärendes Gespräch führen, Putzplan/Aufgabenplan einführen.
Vorher Tipps von Lisa holen, die früher auch Probleme mit ihrer WG-Genossin hatte.*

Räumen Sie anschließend den Zettel weg bzw. schließen Sie die entsprechende Datei und machen Sie mit sich einen Zeitpunkt aus, wann Sie sich wieder damit auseinandersetzen.

Vielleicht möchten Sie sich auch den Kummer oder Frust von der Seele reden: Ein Gespräch mit einer Person Ihres Vertrauens kann guttun. An vielen Hochschulen gibt es auch die sogenannten „Nightlines": ein Zuhör- und Informationstelefon von Studierenden für Studierende. Mehr Informationen dazu finden Sie unter https://bit.ly/2Md9zuV.

Monotasking statt Multitasking
Die Grundidee des Multitaskings ist verlockend: Man macht zwei Dinge gleichzeitig, spart Zeit und Energie. Allerdings funktioniert Multitasking in der Praxis nicht. Wir können über unsere Sinne zwar mehrere Dinge zugleich wahrnehmen, allerdings kann unser Gehirn nicht mehr als eine Aufgabe auf einmal bearbeiten.

Wer während eines Telefonats einen Aufsatz überfliegt, teilt seine Aufmerksamkeit auf zwei Aufgaben auf und wechselt im Sekundenrhythmus zwischen den beiden hin und her (vgl. Seiwert 2018) – unterbricht sich also permanent selbst. Und da Unterbrechungen viel Energie kosten, die Konzentration beeinträchtigen und Fehler begünstigen, sollten Sie auf Monotasking statt Multitasking setzen.

Die Vorteile des Monotaskings auf einen Blick
- **Zeitersparnis:** Wenn Sie eine Aufgabe nach der anderen erledigen, verkürzt sich die Bearbeitungszeit um bis zu 40 Prozent.
- **Ordnung:** Wer mehrere Dinge gleichzeitig bearbeitet, hat auch meist mehr Unordnung auf dem Schreibtisch oder wechselt im PC immer wieder zwischen mehreren Fenstern und Programmen. Das begünstigt Chaos im Kopf und sorgt für längere Suchzeiten.
- **Bessere Arbeitsergebnisse:** Wer nur an einer Sache gleichzeitig arbeitet, macht weniger Fehler.

Äußere Unterbrechungen

Wie bereits in Abschn. 2.2 angesprochen, sind auch Geräusche – Gespräche, Musik, Baustellen- oder Verkehrslärm – hinderlich für die Konzentration. Achten Sie deshalb auf ein möglichst störungsfreies Umfeld.

Viele Student(inn)en wählen deshalb die Bibliothek als Arbeitsort, weil es dort leise ist und nur wenige Ablenkungsmöglichkeiten gibt. Andere wiederum bevorzugen das heimische (WG-)Zimmer, weil sie dort ungestörter sind und zudem alle Arbeitsmittel haben, die sie brauchen.

Egal, wofür Sie sich entscheiden: Räumen Sie sich gerade für wichtige Aufgaben Zeitfenster ein, in denen Sie ungestört arbeiten können.

Vor allem das Internet und die sozialen Medien werden leicht zur Ablenkungsfalle. Natürlich ist es schwer, während der – manchmal wirklich ätzenden – Arbeit an der Thesis nicht mal eben ins Internet zu gehen und etwas Schönes zu machen. Und doch ist es ratsam, immer wieder auf störungsfreie Zeiten zu achten.

Viele Expert(inn)en empfehlen, beim wissenschaftlichen Arbeiten sogenannte **stille Stunden** einzulegen. Dabei gehen Sie folgendermaßen vor:

- Schließen Sie Ihr E-Mail-Programm.
- Schalten Sie das Festnetztelefon (falls Sie überhaupt eines haben) auf lautlos.
- Räumen Sie Ihr Handy weg, am besten in einen anderen Raum. Wenn Ihnen das schwerfällt, stellen Sie es zumindest auf Flugmodus und legen Sie es an einem Platz ab, der außerhalb Ihrer unmittelbaren Reichweite liegt.
- Schalten Sie das Internet aus oder blockieren Sie besonders verlockende Websites. Dazu gibt es diverse kostenlose Programme und Tools, etwa LeechBlock, BlockSite, SelfControl oder Cold Turkey (vgl. Folz und Brauner 2017).
- Falls Sie zu Hause arbeiten: Teilen Sie Ihren Mitbewohner(inne)n mit, dass Sie in den nächsten Stunden nicht gestört werden möchten.

Wenn Sie sich damit schwertun, können Sie mit kleinen Zeitfenstern anfangen oder nur einen Teil der Tipps umsetzen. Vielleicht möchten Sie sich einen Arbeitsort suchen, an dem es keine (gute) Internetverbindung gibt? Oder Sie lassen das Handy einmal bewusst zu Hause, falls Sie an einem anderen Ort arbeiten. Probieren Sie es aus! Sie werden sehen: Mit der Zeit gewöhnen Sie sich daran, stundenweise nicht erreichbar zu sein. Vielleicht schätzen Sie es sogar. In jedem Fall werden Sie ordentlich Zeit sparen.

Aufschieberitis und Schreibblockaden überwinden 5

5.1 Aufschieberitis/Prokrastination

Die Abgabefrist rückt immer näher, die besorgniserregend lange To-do-Liste liegt unangetastet auf dem Schreibtisch – und dennoch schaffen Sie es nicht, die unerledigten Aufgaben beherzt anzupacken. Stattdessen verschieben Sie sie auf den nächsten Tag. Oder den danach. Oder den danach …

Dieses Problem der Aufschieberitis (fachsprachlich: Prokrastination) kennen viele Studierende. In schweren Fällen nimmt sie krankhafte Züge an und kann sogar zu Depressionen führen. Wenn Sie befürchten, dass das bei Ihnen der Fall ist, suchen Sie sich unbedingt fachkundige Hilfe – etwa bei der psychologischen Beratungsstelle Ihrer Hochschule.

Zum Glück plagt die meisten Betroffenen jedoch „nur" eine milde Form der Aufschieberitis, die natürlich auch nicht schön ist, sich aber zum Glück gezielt bekämpfen lässt. In Abschn. 5.1 finden Sie einige Tipps und Übungen, die Ihnen im akuten Fall helfen können.

5.1.1 Schritt 1: Ursachen ermitteln

Wenn Sie gegen die Aufschieberitis vorgehen möchten, sollten Sie sich zunächst Gedanken darüber machen, warum Sie bestimmte Dinge vor sich herschieben. Denn Prokrastination kann viele Ursachen haben und sich unterschiedlich äußern.

Auch das ist Aufschieberitis
Prokrastination ist keineswegs ein Zeichen für Faulheit oder für mangelnde Selbstdisziplin! Oft ist sogar das Gegenteil der Fall: Viele Perfektionist(inn)en leiden unter Aufschieberitis – etwa, weil sie glauben, bestens informiert sein zu

© Springer Fachmedien Wiesbaden GmbH, ein Teil von Springer Nature 2020   29
K. Folz, *Zeitmanagement bei der Abschlussarbeit*, essentials,
https://doi.org/10.1007/978-3-658-28980-5_5

müssen, bevor sie mit der „eigentlichen" Arbeit beginnen. Also lesen sie noch ein Buch und noch einen Aufsatz und noch einen und noch einen … und schieben das Schreiben immer weiter auf, bis sie irgendwann in Zeitnot geraten. Andere wiederum feilen so lange an einzelnen Textpassagen, bevor sie sich an das nächste Kapitel setzen, dass sie irgendwann Zeitprobleme bekommen. Oder sie schieben das nächste Gespräch mit dem Gutachter bzw. der Gutachterin immer wieder vor sich her und konzentrieren sich stattdessen auf andere Aufgaben (die oft weniger wichtig sind). Auch das sind Formen der Prokrastination.

Vorab-Reflexion
Wenn Sie an Aufschieberitis leiden, stellen Sie sich zunächst folgende Fragen und beantworten Sie sie schriftlich (vgl. Rückert 2011):

- Welche Aufgabe(n) schieben Sie auf?
- Wie schieben Sie diese Aufgabe(n) auf? Fangen Sie gar nicht erst an? Unterbrechen Sie die Arbeit daran immer wieder? Feilen Sie so lange an einer anderen Aufgabe, dass Sie nicht dazu kommen, diese bestimmte Sache anzugehen?
- Was würde passieren, wenn Sie die Aufgabe nicht aufschieben würden (sowohl Positives als auch Negatives)?
- Stellen Sie sich vor, Sie würden diese Aufgabe jetzt angehen: Was empfinden Sie?
- Welche Konsequenzen hat das Aufschieben für Sie (positive und negative)?

Wenn Sie diese Fragen für sich beantworten, kommen Sie den tieferen Ursachen des Prokrastinationsverhaltens auf die Spur. Vielleicht entdecken Sie dabei auch erste Lösungen für Ihr akutes Problem.

Kreuzen Sie nun in Tab. 5.1 an, welche Aussagen in Ihrem Fall zutreffen. In Abschn. 5.1.2 finden Sie zu jeder der Ursachen individuelle Tipps.

▷   **Lesetipp** Das Buch „Vom Aufschieber zum Lernprofi" von Fabian Grolimund (2018) richtet sich speziell an Studierende, ist locker geschrieben und enthält viele gute Tipps sowie praktische Übungen, die Ihnen in der Abschlussphase Ihres Studiums weiterhelfen können.

Tab. 5.1 Mögliche Ursachen und Auslöser für Aufschieberitis

☑	Ursache/Auslöser
☐	Sie haben keine Lust oder fühlen sich demotiviert.
☐	Sie haben das Gefühl, dass Ihnen der Überblick fehlt und dass Sie sich noch viel tiefer einarbeiten müssten, um „richtig" mit der Arbeit zu beginnen. Sie fühlen sich von einem inneren Zensor blockiert, der Ihnen regelmäßig sagt: „Das, was du schreibst, ist Mist!"
☐	Sie kommen beim Schreiben einfach nicht in die Gänge. Der Einstieg fällt Ihnen schwer. Sie fühlen sich überfordert und der Arbeit nicht gewachsen.
☐	Sie haben in der Vergangenheit negative Erfahrungen mit dem wissenschaftlichen Arbeiten gemacht, die Sie nach wie vor beschäftigen und lähmen.
☐	Ein fachliches Problem hindert Sie daran weiterzuschreiben – oder überhaupt damit anzufangen.
☐	Sie kommen nicht mit Ihrem Gutachter bzw. Ihrer Gutachterin zurecht.
☐	Sie werden leicht von anderen Dingen abgelenkt.
☐	Sie haben ein persönliches Problem, das Sie beschäftigt und von der Arbeit abhält.

5.1.2 Schritt 2: Ursachen bekämpfen

Keine Lust/Demotivation

Salami-Taktik mit Etappenzielen Um ein Motivationsloch zu überwinden, hilft die sogenannte Salami-Taktik. Erledigen Sie Ihre Aufgaben scheibchenweise. Teilen Sie sie dazu in kleine Portionen ein, z. B. „einen Absatz über Thema X schreiben" oder „Aufsatz Y zusammenfassen".

Setzen Sie sich regelmäßig Etappenziele – z. B. „zwei Seiten geschrieben", „Teilkapitel 2.3.4 abgeschlossen", „fünf Aufsätze verarbeitet" etc. – und belohnen Sie sich mit etwas Schönem, wenn Sie sie erreichen.

Zehn-Minuten-Regel Ähnlich wie die Salami-Taktik funktioniert auch die Zehn-Minuten-Regel: Nehmen Sie sich vor, genau zehn Minuten an Ihrer Thesis zu arbeiten. Ist diese Zeitspanne vorüber, dürfen Sie sofort etwas anderes machen.

Die Logik dahinter: Dieser Zeitraum ist überschaubar; das senkt die Hemmschwelle, überhaupt einmal anzufangen. Damit ist der erste und wichtigste Schritt gemacht. Haben Sie erst einmal angefangen, werden die inneren Widerstände oft abgebaut – es stellt sich das Gefühl ein: „So schlimm ist es ja doch gar nicht." Sie empfinden es vielleicht als erträglich und machbar, noch fünf oder zehn Minuten weiterzuarbeiten.

Aber selbst, wenn Sie das Zeitlimit nicht überschreiten, ist die Zehn-Minuten-Regel hilfreich; denn Sie merken, dass Sie auch in dieser kurzen Zeitspanne etwas hinbekommen und dass diese zehn Minuten aushaltbar sind.

Gönnen Sie sich anschließend etwas Schönes und nehmen Sie sich dann wieder vor, zehn Minuten an Ihrer Thesis zu arbeiten. Das ist zwar nicht die Rekordgeschwindigkeits-Arbeitsmethode, aber allemal besser als Aufschieberitis!

Innere Einstellung anpassen Versuchen Sie, Ihre innere Einstellung anzupassen: Konzentrieren Sie sich nicht darauf, wie sehr Sie die aktuelle Aufgabe bzw. die ganze Thesis nervt oder langweilt. Versuchen Sie lieber, ein (einigermaßen) positives Verhältnis zu Ihrer Arbeit aufzubauen.

Legen Sie dazu Ihren gedanklichen Fokus darauf,

- wie toll es sein wird, wenn Sie eines Ihrer Zwischenziele erreicht haben werden,
- wie stolz Sie auf sich sein können, wenn Sie sich überwunden haben werden,
- wie erleichtert Sie sein werden, wenn eine besonders nervige Aufgabe erledigt ist.

Je konkreter Sie sich diese Situationen ausmalen, desto leichter wird es Ihnen fallen, die lästigen Aufgaben tatsächlich anzugehen.

Aufgaben genau benennen To-do-Listen (Abschn. 3.1) sind – bei der Abschlussarbeit wie auch sonst – immer ein hilfreiches Instrument des Zeit- und Aufgabenmanagements. Für Prokrastinierer(innen) sind sie jedoch besonders wichtig. Erstellen Sie daher unbedingt tägliche Aufgabenlisten und seien Sie bei der Formulierung möglichst präzise. Je genauer Sie Ihre To-dos benennen, desto wahrscheinlicher ist es, dass Sie sie auch angehen. Ein Beispiel für eine gelungene und eine zu schwammige Aufgabenliste finden Sie in Tab. 5.2.

Tab. 5.2 Beispielformulierungen in der To-do-Liste

So bitte nicht	So ist es richtig
ein Stück Text schreiben	eine Seite Text zu Abschn. 4.1 schreiben, dabei Notizen zu Buch X und Y und Aufsatz Z verwenden
ein Buch lesen	Aufsatz A aus Sammelband B lesen
Literaturrecherche	im Bibliothekskatalog nach dem Stichwort Z suchen (nur Literatur, die nach 2000 veröffentlicht wurde)

Druck erzeugen Manche Aufschieber(innen) brauchen Druck, um richtig in die Gänge zu kommen. Wenn der äußere Druck in der Anfangszeit der Abschlussarbeit (noch) nicht groß genug ist, hilft es, sich selbst zu verpflichten. Wenn auch Sie einen gewissen Druck brauchen, können Sie folgendermaßen vorgehen:

• Erzählen Sie anderen Leuten davon, was Sie heute (oder bis morgen, Ende der Woche, …) erledigen wollen. Bitten Sie diese Menschen darum, nach Ablauf der jeweiligen Frist bei Ihnen nachzuhaken, ob Sie die Aufgaben tatsächlich abgearbeitet haben.
• Vereinbaren Sie einen Gesprächstermin mit Ihrem Betreuer bzw. Ihrer Betreuerin und stellen Sie ihm/ihr Ihre vorläufigen Ergebnisse vor.
• Setzen Sie sich außerdem ein Zeitlimit für einzelne Arbeitsschritte, das nicht allzu weit in der Zukunft liegt.

Fehlender Überblick, innerer Zensor, Perfektionismus
Wenn Sie feststellen, dass Perfektionismus eine Ursache für Ihr Prokrastinationsverhalten ist, sollten Sie sich langfristig mit den Gründen für den Wunsch nach Perfektion auseinandersetzen. Während der Abschlussarbeit haben Sie aber sicher weder Zeit noch Energie für tiefgreifende Veränderungen.

Akut können einige Tricks der Autosuggestion helfen. Sie zielen darauf ab, dass Sie sich bewusst machen,

• dass Sie nicht perfekt sein müssen,
• dass Sie Fehler machen dürfen,
• dass Sie vor allem in den frühen Phasen der Abschlussarbeit auch Mittelmäßiges oder Schlechtes produzieren dürfen.

Probieren Sie dazu die folgenden Übungen aus.

Der Feinschliff kommt später Machen Sie sich regelmäßig bewusst, dass Sie in einem ersten Schritt nur eine **Rohfassung** erstellen, die Sie ohnehin noch überarbeiten werden. Das heißt: Das, was Sie jetzt schreiben, oder die Notizen, die Sie sich jetzt machen, sind nur ein allererster Entwurf. Das können Sie sich vergegenwärtigen, indem Sie beispielsweise auf Ihrer To-do-Liste notieren: „eine Seite **Rohfassung** von Kapitel 2.2.5 schreiben".

Auch die Tipps gegen Schreibblockaden, die ich Ihnen in Abschn. 5.2 vorstelle, können Ihnen helfen.

Sagen Sie sich immer wieder vor: „**Hauptsache, ich mache etwas.** Ob das gut ist oder nicht, ist erst mal egal." Denn genau so ist es. Das, was Sie erarbeiten, muss noch lange nicht perfekt sein! Vielleicht möchten Sie sich diesen Satz notieren und an einer gut sichtbaren Stelle aufhängen? Oder es sich zur Gewohnheit machen, den Tag mit diesem Satz zu beginnen und/oder zu beenden?

Halten Sie Ihren „Thesisfahrplan" (Abschn. 1.1) immer in greifbarer Nähe. Er macht Ihnen bewusst, wo Sie gerade stehen und welche Schritte noch folgen werden. Sie werden sehen: Der Feinschliff steht erst am Schluss.

Dialog mit der Angst Wenn Sie Probleme damit haben, mit dem Schreiben anzufangen, oder wenn Sie ein Gespräch mit dem oder der Gutachter(in) vor sich herschieben, steckt dahinter vielleicht die Angst, etwas falsch zu machen. Es ist wichtig, sich diese Angst bewusst zu machen. Setzen Sie sich dann aktiv mit ihr auseinander. Das fühlt sich erst einmal komisch an, hilft aber, mittelfristig eine rationale Perspektive einzunehmen. Ein Beispiel:

Angst Ich fürchte, dass ich etwas Falsches schreibe.

Erwiderung Dann habe ich zu einem späteren Zeitpunkt immer noch die Möglichkeit, das zu korrigieren.

Angst Und was, wenn ich das vergesse?

Erwiderung Dann setze ich mir am Rande des Texts einen Kommentar, dass ich die Passage noch mal prüfen muss.

Angst Aber was, wenn dafür später keine Zeit bleibt? Wenn der Prof das liest, lacht er mich ja aus oder hält mich für dumm.

Erwiderung Ich kann nächste Woche in die Sprechstunde des Profs gehen und ihm meine vorläufigen Ergebnisse vorstellen. Wenn er weitere Informationen für wichtig hält, wird er mir das sagen. Und wenn nicht, kann ich mit einem Gefühl der Sicherheit aus der Sprechstunde rausgehen.

▶ Manche Hochschulen haben spezielle Anlaufstellen für Prokrastinierer(innen) eingerichtet, andere veranstalten Workshops oder Seminare zu Aufschieberitis. Informieren Sie sich, ob auch Ihre Hochschule etwas Ähnliches anbietet, und nutzen Sie das Angebot.

Einstiegshürden, Überforderung
Bei der Abschlussarbeit entsteht leicht das Gefühl, mit diesem großen Projekt und den vielen kleinen damit verbundenen Aufgaben überfordert zu sein. Vielleicht war während der Lese- und Einfindungsphase noch alles in Ordnung, pünktlich zum Schreibstart überkommt Sie dann aber die Erkenntnis, dass das alles doch viel komplexer und schwieriger ist, als Sie dachten. Die Folge: Sie schieben das Schreiben auf.

Indem Sie sich mit leichteren Einstiegsaufgaben an das Schreiben herantasten und den Aufgabenberg in viele kleine Schritte aufteilen, können Sie dieses Gefühl sukzessive überwinden.

Warm-up-Übungen Probieren Sie zu Beginn der Schreibphase ein paar Warm-up-Übungen aus. Machen Sie sich beispielsweise stichpunktartig Notizen, was Sie in einem bestimmten (Teil-)Kapitel schreiben oder untersuchen wollen: etwa in der Einleitung. Ein Beispiel finden Sie in Abb. 5.1. Ist dieser Einstieg geschafft, können Sie die einzelnen Kapitel Schritt für Schritt mit Teilsätzen oder ganzen Textpassagen füllen.

Aufteilung in kleine Schritte Auch ein weiter Weg beginnt mit einem ersten Schritt. Um die Mammutaufgabe *Schreiben der Abschlussarbeit* in kleinere – überschaubare – Aufgaben aufzuteilen, kann Ihnen die Salami-Taktik im Schreiballtag helfen. Eine Beschreibung dieser Methode finden Sie zu Beginn von Abschn. 5.1.2.

1 Einleitung

- *knackiger erster Satz (Zitat oder so, ggf. von Keraugh 2018, S. 799, markierte Stelle)*
- *Begründung, warum das Thema wichtig ist*
- *Definition (nach Santos 1999)*
- *Forschungsstand (aktuelle Infos finde ich bei Müller et al. 2020)*
- *Forschungspositionen (dazu nette Passage bei Wagner 2018, S. 23 ff.)*
- *Erklärung, worin das Ziel der Arbeit besteht*
- *Aufbau der Arbeit*

Abb. 5.1 Warm-up-Übung – Beispiel

Setzen Sie sich viele kleine Etappenziele, z. B. „ein Teilkapitel fertigstellen", „zentrale Informationen aus Buch X inhaltlich einarbeiten" etc. Konzentrieren Sie sich nicht auf die Abgabe, sondern auf Ihr nächstes Zwischenziel.

Wenn Sie eines dieser Ziele erreicht haben, **belohnen** Sie sich mit etwas Schönem (ein Entspannungsbad, ein netter Kaffeeklatsch, ein Stück Kuchen, … was immer Ihnen guttut). Ein Tokensystem kann Ihnen dabei helfen, Ihre Fortschritte zu visualisieren (Abschn. 5.3).

Startsignal setzen Oft schieben wir den Beginn einer Aufgabe auch deshalb hinaus, weil wir uns nicht bereit fühlen (zu müde, heute nicht in Form, lohnt sich ohnehin nicht, weil nicht viel Zeit bleibt, …). Warten Sie nicht darauf, bis sich die Motivation von selbst einstellt, sondern fangen Sie einfach an. Machen Sie sich klar, dass Sie auch dann weiterkommen, wenn Sie gerade nicht in Topform sind (vgl. Grolimund 2018). Wenn Ihnen das schwerfällt, setzen Sie sich ein Startsignal, bei dem Sie sofort beginnen. Schauen Sie beispielsweise aus dem Fenster und fangen Sie an zu arbeiten, wenn das dritte Auto vorbeigefahren ist (vgl. Rückert 2011).

Übung

Vervollständigen Sie die folgenden Sätze.

Ich fange genau dann an zu arbeiten, wenn:

_____

_____

_____

Wenn ich gerade nicht in Topform bin, kann ich folgende Aufgaben angehen:

_____

_____

_____

Wenn ich nur wenig Zeit habe, könnte ich folgende To-dos abarbeiten:

_____

_____

_____

Lähmung überwinden Vielleicht überkommt Sie zwischenzeitlich das Gefühl: „Das ist einfach zu viel." Dieser Gedanke lähmt, und Sie schaffen es nicht, weiter an der Thesis zu arbeiten. Dann hilft es, als Anwalt bzw. als Anwältin in eigener Sache aufzutreten. Finden Sie **Begründungen, warum Sie das auf jeden Fall schaffen werden,** etwa: „Ich schaffe das, weil ich bislang alle wissenschaftlichen Arbeiten im vorgegebenen Zeitrahmen fertiggestellt habe. Außerdem habe ich die wichtigste Literatur bereits gelesen und muss die Informationen jetzt nur noch zu einem Text zusammenfügen."

Erstellen Sie Ihre eigene – schriftliche – Liste mit Argumenten, warum Sie die Abschlussarbeit selbstverständlich meistern werden. Seien Sie dabei kreativ und finden Sie möglichst viele Gründe. Selbst wenn Sie nicht hundertprozentig von dem überzeugt sind, was Sie sich vorsagen: Es hilft dabei, sich aus der Lähmung zu befreien.

Negative Erfahrungen

Alle Menschen machen Fehler. Dennoch erinnert sich niemand gerne an Misserfolge. Gerade in Deutschland gibt es keine konstruktive „Fehlerkultur". Was also tun, wenn Sie beim Gedanken an Ihre Abschlussarbeit immer wieder an die Probleme oder die schlechte Note bei der letzten Seminararbeit denken? Auch wenn es schwerfällt: Machen Sie sich keine Selbstvorwürfe, sondern lernen Sie aus Ihren Fehlern und Misserfolgen. Keine Frage – das ist leichter gesagt als getan. Versuchen Sie es trotzdem!

Zum Einstieg sollten Sie überlegen, was beim letzten Mal aus welchem Grund schiefging und wie Sie ähnliche Fehler in Zukunft vermeiden können. Versuchen Sie dabei, ganz ehrlich zu sein und nach Ursachen, nicht nach Schuldigen zu suchen. Ihre negativen Gedanken und Gefühle werden sicher nicht von heute auf morgen verschwinden, aber Sie lösen sich nach und nach von den negativen Erlebnissen der Vergangenheit. Vor allem aber machen Sie sich selbst deutlich, dass Sie an Ihren Aufgaben gewachsen sind und Ihre Fehler nicht wiederholen werden. Ein Beispiel finden Sie in Tab. 5.3.

Sprechen Sie sich regelmäßig mit Ihrem Gutachter bzw. Ihrer Gutachterin ab, wenn Sie sich unsicher fühlen. So können Sie sicherstellen, dass die Arbeit in die richtige Richtung läuft. Außerdem erhalten Sie unter Umständen wertvolle Tipps und erfahren, worauf der- oder diejenige besonderen Wert legt. Das gibt Ihnen ein Gefühl der Sicherheit.

Um die negativen Gefühle anzugehen, die die Erinnerung an den vergangenen Misserfolg weckt, probieren Sie einmal die folgende Übung aus (vgl. Heimsoeth 2015).

Tab. 5.3 Konstruktiver Umgang mit Fehlern

Was lief beim letzten Mal schief?	Der Dozent hat kritisiert, dass ich meine Thesen nicht ausreichend belegt habe. Außerdem hat er meinen Schreibstil als zu unwissenschaftlich bezeichnet. Deswegen hat er meine Arbeit mit einer 3,7 bewertet.
Woran hat es gelegen?	Es war meine erste rein theoretische Seminararbeit. Vorher hatte ich meist experimentell gearbeitet. Daher war mir nicht klar, wie viel ich belegen muss. Beim Schreiben fühle ich mich außerdem unsicher, das wissenschaftliche Formulieren fällt mir schwer.
Was kann ich diesmal besser machen?	Ich werde diesmal mehr Sekundärliteratur lesen und alle wichtigen Aussagen mit Quellen belegen. Wenn ich keine Quellen finde, mache ich deutlich, dass es sich dabei um meinen eigenen Gedankengang handelt. Wenn ich Behauptungen aufstelle, belege ich sie anhand von Argumenten und untermauere sie mit Beispielen. Ich werde einen Career-Center-Kurs zum wissenschaftlichen Schreiben besuchen. Außerdem wird Lena die Arbeit gegenlesen, die eine gute wissenschaftliche Schreiberin ist.

Übung

Erzählen Sie sich die Geschichte Ihres Studiums oder Ihrer Entwicklung als wissenschaftliche(r) Schreiber(in) und nehmen Sie dabei das positive Ende vorweg. Ob Sie das mündlich oder schriftlich tun, ist Ihnen überlassen. Wichtig ist, dass Sie es wirklich ausformulieren und nicht nur vage gedanklich streifen.

Schildern Sie den vergangenen Misserfolg und spinnen Sie dann die Geschichte weiter. Beschreiben Sie möglichst konkret, wie Sie ihn überwinden, was Sie dabei tun, wie Sie aus Ihren Fehlern lernen und wie es letztlich zum Happy End kommt.

Fachliches Problem

Falls während des Arbeitsprozesses ein fachliches Problem auftritt, hilft es in jedem Fall, sich mit anderen auszutauschen. Manchmal reicht es bereits aus, ein Problem in Worte zu fassen, um selbst zu einer Lösung zu gelangen. Überlegen Sie sich verschiedene Lösungsszenarien und wägen Sie deren Vor- und Nachteile gegeneinander ab.

Wenn Sie alleine nicht weiterkommen, können Sie im Gespräch mit Kommiliton(inn)en Ideen entwickeln, wie Sie Ihr Problem lösen können. Ihr(e) Gutachter(in) hat sicher ebenfalls Tipps für Sie. Suchen Sie daher unbedingt das

Gespräch mit ihm oder ihr. Wenn es sich nur um ein kleines Problem handelt, das nur ein (Teil-)Kapitel Ihrer Arbeit betrifft, kann es helfen, erst einmal ein paar Tage lang an einem anderen Kapitel zu arbeiten. Manchmal ergeben sich Lösungen mit ein wenig Abstand ganz von allein.

Problem mit dem Gutachter/der Gutachterin
Ein Vertrauensverhältnis zu der Person, die Ihre Arbeit betreut, erleichtert die Arbeit ungemein. Doch leider kann man sich den oder die Gutachter(in) nicht immer aussuchen. Was also tun, wenn Sie Ihr Gegenüber nicht mögen? Sie können den oder die andere nicht verändern. Aber Sie können an Ihrer eigenen Einstellung arbeiten, um die Zeit der Thesis bestmöglich zu gestalten. Machen Sie sich klar, dass es sich lediglich um ein „Zweckbündnis" auf Zeit handelt. Sie müssen den Dozenten bzw. die Dozentin nicht mögen; es reicht, wenn Sie irgendwie mit ihm oder ihr klarkommen.

Sie kennen andere Studierende, die ebenfalls von dieser Person betreut werden? Tauschen Sie sich untereinander über Ihre jeweiligen Erfahrungen mit ihm oder ihr aus. Vielleicht haben die anderen Tipps, was den Umgang mit „Prof. Dr. Schwierig" erleichtert. Und wenn nicht, wissen Sie zumindest: Sie sind nicht allein!

Das erste Treffen lief nicht gut? Überlegen Sie, woran es lag. Könnte Ihr Gegenüber damals einfach nur einen schlechten Tag gehabt haben? Hatte er oder sie zu wenig Zeit? Gab es schlichtweg Kommunikationsprobleme? Versuchen Sie, sich beim nächsten Treffen darauf einzustellen.

Er oder sie stellt sehr hohe Anforderungen? Vermeiden Sie es, in die Sprechstunde zu gehen, weil Sie die Angst lähmt, sich zu blamieren oder etwas falsch zu machen? Gerade dann ist es wichtig, dass Sie regelmäßig den Kontakt suchen. Wenn Ihnen das schwerfällt, bitten Sie zuerst eine Person Ihres Vertrauens um Rückmeldung zu Ihrer Gliederung oder Ihrem Exposé. Nutzen Sie das Feedback, um eventuelle Schwachstellen auszubessern und sprechen Sie dann die zentralen Inhalte Ihrer Arbeit mit dem Gutachter bzw. der Gutachterin durch. Lieber stecken Sie jetzt Kritik ein, wenn Sie noch etwas ändern können, als am Ende eine schlechte Abschlussnote zu kassieren.

Machen Sie Ihr Selbstwertgefühl nicht von diesen Rückmeldungen abhängig. Selbst wenn das Feedback gerade einmal nicht so toll ist, sagt das nichts über Ihre Fähigkeiten oder gar über Sie als Person aus. Das ist Ihnen sicher grundsätzlich bewusst; sagen Sie es sich trotzdem noch (mindestens) einmal laut vor.

Übung

Vervollständigen Sie die folgenden Sätze.

Wenn ich schlechtes Feedback von meinem Gutachter/von meiner Gutachterin bekomme, nutze ich es, um meine Arbeit qualitativ aufzuwerten. Dazu mache ich Folgendes:

_____

_____

_____

Ich lasse mich von schlechtem Feedback nicht in meinem Selbstwertgefühl beeinträchtigen, denn:

_____

_____

_____

Nach einem anstrengenden Sprechstundentermin gönne ich mir etwas Schönes, nämlich:

_____

_____

_____

Ihr(e) Gutachter(in) gibt Ihnen das Gefühl, seine oder ihre Zeit über Gebühr zu belasten? Das ist nicht angenehm für Sie – keine Frage! Versuchen Sie trotzdem, sich davon nicht abschrecken zu lassen und das Verhalten nicht persönlich zu nehmen; vermutlich ist der- oder diejenige einfach gestresst, aber das ist nicht Ihre Schuld. Schließlich ist es seine bzw. ihre Aufgabe, Sie bei der Abschlussarbeit zu betreuen, also auch Fragen zu beantworten und bei Problemen Hilfestellung zu geben. Sein bzw. ihr Verhalten ist unangemessen, nicht Ihres!

Was, wenn alles nichts hilft? Zum Glück werden Sie von zwei Personen betreut: Suchen Sie die Nähe zum Zweitgutachter bzw. zur Zweitgutachterin, wenn Sie gar nicht mit dem oder der Erstgutachter(in) klarkommen. Wenn es wirklich gar nicht geht, klären Sie mit der Studienberatung Ihres Instituts, ob vielleicht doch ein Wechsel möglich ist.

Ablenkung
Bei der Arbeit an der Thesis lauern zahlreiche Ablenkungsfallen: vom läutenden Telefon bis zum Chaos in Kopf und Wohnung. Wenn auch Sie dazu neigen, sich immer wieder unterbrechen zu lassen (oder sich selbst zu unterbrechen), und dadurch Ihre Arbeit immer wieder aufschieben, finden Sie in Abschn. 4.2 einige Tipps. Gehen Sie gedanklich noch einmal die letzten drei Arbeitstage durch: Was hat Sie besonders stark abgelenkt? Wie sind Sie damit umgegangen? Wie könnten Sie zukünftig besser damit umgehen? Konzentrieren Sie sich auf konkrete Lösungsvorschläge, die zu Ihnen passen. Ein Beispiel finden Sie in Tab. 5.4.

Persönliches Problem
Manchmal beschäftigen uns auch persönliche Probleme, die (mindestens) genauso wichtig sind wie die Thesis. Wenn diese Probleme überhandnehmen, suchen Sie das Gespräch mit jemandem, der Ihnen helfen kann.

Tab. 5.4 Umgang mit Ablenkungsquellen – Beispiel

Ablenkungsquelle	Wie sind Sie damit umgegangen?	Wie könnten Sie damit umgehen, um in Zukunft weniger abgelenkt zu sein?
WhatsApp	habe viele Nachrichten sofort beantwortet	Handy im Bibliotheksspind einsperren (wenn ich in der Bib arbeite) oder lautlos im Nebenzimmer deponieren (wenn ich zu Hause arbeite)
Chaos in der Wohnung	habe aufgeräumt, Bücher und Aufsatzkopien sortiert	Bücher und Kopienstapel in einen großen Karton packen und nach Feierabend sortieren
Beschäftigung damit, was ich noch zu tun habe	regelmäßige Unterbrechung meiner aktuellen Tätigkeit, um mit der neuen Aufgabe anzufangen	Pause machen und in dieser Pause eine To-do-Liste erstellen, was (wann) zu tun ist, anschließend Liste wegräumen
Online-Shopping	neue Kopfhörer für mich gekauft, Weihnachtsgeschenk für meine Schwester besorgt	mit einem Webblocker-Tool das Internet (oder auch nur einzelne Seiten) blockieren
Mitbewohner	gemeinsam in Küche gequatscht	„störungsfreie Zeiten" absprechen oder stattdessen woanders arbeiten
...		

Das muss nicht gleich ein(e) Therapeut(in) sein; in den meisten Hochschulen gibt es beispielsweise eine psychologische Beratungsstelle, die Studierende unverbindlich und kostenlos unterstützt: bei Prüfungsangst ebenso wie bei Zukunftssorgen oder anderen Problemen. Sie bekommen dort in aller Regel relativ zeitnah einen Termin. Weil das Personal dort psychologisch geschult ist und täglichen Umgang mit Studierenden und Hochschulbediensteten hat, finden Sie dort sicher guten Rat – ohne deswegen gleich das Gefühl zu haben, „auf der Couch zu liegen".

Sie möchten sich mit anderen Studierenden telefonisch oder per E-Mail austauschen? Dann ist das Sorgentelefon „Nightline" vielleicht das Richtige für Sie. Das Angebot von Studierenden an Studierende gibt es an verschiedenen Standorten in Europa. Mehr Informationen finden Sie unter https://bit.ly/2Md9zuV.

Möglicherweise reicht es auch bereits aus, mit einer Person Ihres Vertrauens zu sprechen und sich den Kummer einfach mal von der Seele zu reden. Dann tun Sie das am besten gleich. Vielleicht geht es Ihnen anschließend besser und Sie können sich doch noch an Ihre Arbeit setzen.

Wer lieber die eigenen Probleme mit sich selbst ausmacht, kann seine Sorgen oder seinen Ärger auch gerne schriftlich notieren. Fokussieren Sie sich dabei vor allem auf mögliche Lösungsansätze. Schließen Sie anschließend die Datei oder packen Sie die Liste weg, um sich ein andermal damit zu beschäftigen (Abschn. 4.2).

5.2   Schreibblockaden

Schreibblockaden und Aufschieberitis hängen eng miteinander zusammen, denn beide sind vor allem psychologischer Natur. Vielleicht finden Sie unter den Tipps aus Abschn. 5.1 daher auch einiges, was Ihnen bei einer Schreibblockade weiterhilft.

▶ An zahlreichen Universitäten und Fachhochschulen gibt es Schreibberatungen oder Schreibwerkstätten, die von den Career Centern, einem Fachbereich, der Hochschulbibliothek oder anderen Einrichtungen angeboten werden. Das Angebot reicht von individuellem Schreibcoaching bis zur „Langen Nacht der aufgeschobenen Hausarbeiten", die regelmäßig an über 20 Hochschulen in Deutschland veranstaltet wird. Informieren Sie sich, ob auch Ihre Hochschule derartige Angebote im Programm hat.

Je nachdem, an welchem Punkt des Schreibens Sie gerade hängen, können Ihnen verschiedene Schreibtechniken den Weg aus der Blockade bahnen. Eine Übersicht finden Sie in Tab. 5.5.

Clustering und andere Assoziationstechniken
Für diese Übung benötigen Sie ein weißes Blatt Papier und etwa zehn bis 15 min Zeit. In die Mitte des Blattes schreiben Sie Ihr Thema. Notieren Sie nun von innen nach außen alle Stichwörter, die Ihnen spontan dazu einfallen. Zensieren Sie sich nicht selbst; auch (scheinbar) Unsinniges oder Unwichtiges sollte aufgeschrieben werden. Wenn Ihnen nichts mehr einfällt, verbinden Sie einzelne Stichwörter, die zusammengehören, mit Linien (oder markieren Sie sie in unterschiedlichen Farben).

Diese Technik hilft Ihnen dabei, neue Ideen zu entwickeln, Verknüpfungen zwischen einzelnen Aspekten herzustellen und, ganz generell, auf passende Stichwörter zu kommen.

Wenn Ihnen andere Darstellungsformen geeigneter erscheinen – etwa eine Mindmap, einen Assoziationsfächer oder ein Bild – können Sie auch diese Formen wählen. Ein Beispiel finden Sie in Abb. 5.2.

Generative Writing – Exzerpieren für Fortgeschrittene
Suchen Sie sich einen Aufsatz oder ein Buch aus, den bzw. das Sie für Ihre Abschlussarbeit bearbeiten möchten. Schreiben Sie die wichtigen Informationen

Tab. 5.5 Schreibtechniken für verschiedene Arbeitsphasen

Technik	Wann einsetzen?
Clustering und andere Assoziationstechniken	wenn Ihnen Zusammenhänge unklar sind und/oder Ideen fehlen
Generative Writing – Exzerpieren für Fortgeschrittene	wenn Sie Einstiegsschwierigkeiten haben, sich erst einmal an den wissenschaftlichen Schreibstil gewöhnen möchten oder keine passenden Formulierungen finden
Worst-Text-Technik E-Mail-Technik Diktieren	wenn Sie wissen, was Sie sagen möchten, Ihnen aber die richtigen (wissenschaftlichen) Worte fehlen
Crash-Technik	wenn Sie sich von Formulierungen aus einer Quelle oder von unschönen Passagen aus Ihrer Rohversion nicht lösen können
Schreibzeit reduzieren	wenn Sie sich partout nicht dazu aufraffen können zu schreiben und nur unter Druck die Schreibblockade überwinden können

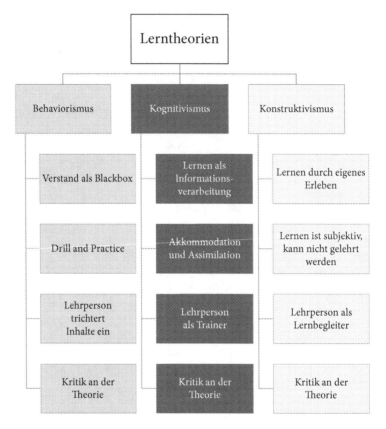

Abb. 5.2 Gedankensammlung als Assoziationsfächer – Beispiel

aus dem Text in eigenen Worten auf. Wenn Ihnen keine eigenen Worte einfallen, stellen Sie einfach den Satzbau des Originals um und suchen Sie Synonyme für einzelne Ausdrücke (vgl. Bensberg und Messer 2014).

So entsteht eine Rohversion, die Sie später natürlich noch einmal überarbeiten. Diese Methode lässt sich auch dann anwenden, wenn Sie gerade nicht in Bestform sind, z. B. morgens nach dem Aufstehen oder kurz vor Feierabend.

Worst-Text-Technik
Manchmal lähmt der hohe Anspruch an den eigenen Text so sehr, dass man gar nichts zu Papier bringt. Dann ist die Worst-Text-Technik die Methode der Wahl:

Nehmen Sie sich zur Abwechslung vor, einen **richtig schlechten** Text zu schreiben (vgl. Bensberg und Messer 2014).

Schreiben Sie stichpunktartig, flapsig, fragmentarisch, im Dialekt, ohne Rücksicht auf Grammatik, Interpunktion oder Rechtschreibung. Das kann unter Umständen sogar Spaß machen. Und Sie konzentrieren sich auf die wesentlichen Inhalte, die Sie vermitteln wollen – und lassen sich nicht von Richtlinien zum wissenschaftlichen Schreiben hemmen. Zu einem späteren Zeitpunkt überarbeiten Sie Ihren Text selbstverständlich noch einmal.

E-Mail-Technik
Vielleicht wissen Sie inhaltlich durchaus, was Sie sagen möchten, aber es hapert an der Formulierung. Dann ist es hilfreich, vorübergehend eine andere Textsorte zu wählen und einmal ganz unwissenschaftlich auszudrücken, was Sie sagen wollen (vgl. Esselborn-Krumbiegel 2015). Schreiben Sie dazu beispielsweise eine E-Mail, in der Sie in normaler Alltagssprache schildern, worum es geht.

Ob Sie diese E-Mail tatsächlich versenden, oder ob Sie sie lediglich als Rohtext für sich verwenden, bleibt Ihnen überlassen. Es geht bei dieser Übung vor allem darum, Gedanken in Worte zu fassen und Inhalte verständlich zu kommunizieren. Und vielleicht stellen Sie im Nachhinein fest, dass Ihre „unwissenschaftliche" Formulierung gar nicht so schlecht war.

Wenn Sie anstatt einer E-Mail lieber ein Interview, eine Kurzgeschichte oder ein Gedicht schreiben, ist das natürlich auch kein Problem. Ihrer Kreativität sind keine Grenzen gesetzt.

Diktieren
Ähnlich wie bei der E-Mail-Technik geht es bei dieser Übung darum, Inhalte in Worte zu fassen (vgl. Esselborn-Krumbiegel 2015). Falls Sie ein Diktiergerät oder ein Spracherkennungsprogramm besitzen, nutzen Sie dieses. Ansonsten können Sie auf die Aufnahmefunktion Ihres Handys zurückgreifen.

Formulieren Sie nun Ihre Gedankengänge in ganz normaler Umgangssprache aus. Vielleicht kommen Ihnen so neue Ideen und Anregungen für Überleitungen. In jedem Fall klären sich die Gedanken. Möglicherweise gefällt Ihnen auch eine Formulierung so gut, dass Sie sie in Ihre Arbeit aufnehmen. Der Vorteil eines Spracherkennungsprogramms: Es schreibt das Diktierte gleich mit – und dann ist auch Ihr Blatt nicht mehr leer.

Crash-Technik

Wenn Sie eine Publikation vor sich haben und sich partout nicht von einer Formulierung lösen können oder bereits selbst einen Text verfasst haben, der Ihnen in dieser Form nicht gefällt, kann die Crash-Technik Abhilfe schaffen:

Dazu stellen Sie sich vor, dass Ihr Computer abgestürzt ist und die Datei nicht gesichert wurde. Sie müssen den Abschnitt daher noch einmal komplett neu schreiben. Falls Sie sich nicht von einer Quelle lösen können, schließen Sie auch die Datei oder das Buch.

Machen Sie nun ein paar Minuten Pause, damit Sie auf andere Gedanken kommen. Öffnen Sie dann eine neue Datei und schreiben Sie die betreffende Passage noch einmal von vorne, ohne einzelne Sätze oder Formulierungen aus dem alten Text zu übernehmen.

Die Technik eignet sich eher beim Feinschliff als bei der Rohversion, bei der es nicht darauf ankommt, dass der Text besonders schön ist und ob einzelne Formulierungen gelungen sind.

Schreibzeit reduzieren

Wer vor allem unter Druck zu Höchstleistungen aufläuft, kann einmal ausprobieren, ob der folgende Trick hilft: Verkürzen Sie Ihre tägliche Schreibzeit um zwei Drittel. Da Sie in dieser knappen Zeit etwas Sinnvolles zu Papier bringen müssen, entsteht Druck. Ob das Geschriebene gut oder mittelmäßig ist, ist erst einmal egal. Hauptsache, Sie produzieren irgendeinen Text! Und da Sie nun weitaus weniger Zeit als vorher mit dem Schreiben verbringen, lässt auch möglicherweise Ihre innere Lähmung nach, wenn Sie ans Formulieren denken.

Für all diejenigen, die bei Druck gelähmt reagieren, ist diese Methode allerdings nicht empfehlenswert.

▶ **Lesetipp** In dem Buch „Tipps und Tricks bei Schreibblockaden" von Helga Esselborn-Krumbiegel (2015) finden Sie viele praktische Übungen und interessante Hintergrundinformationen zu Schreibblockaden und Co.

5.3   Generelle Tipps gegen Aufschieberitis und Schreibblockaden

Fortschritte dokumentieren und visualisieren

Eine Abschlussarbeit nimmt viel Zeit ein und besteht aus unzähligen kleinen Aufgaben. Manchmal scheint es, als kämen wir gar nicht voran, als würde unser Aufgabenberg nie kleiner. Deshalb ist es – gerade für Menschen, die unter Schreibblockaden oder an Aufschieberitis leiden – wichtig, sich die eigenen Fortschritte bewusst zu machen.

Sogenannte **Tokensysteme** eignen sich sehr gut dafür (vgl. Rückert 2011): Dazu setzen Sie farbige Jetons, Würfel, Murmeln oder andere kleine Gegenstände als „Gewinnpunkte" ein. Für jedes erreichte Etappenziel werfen Sie einen dieser Token in ein durchsichtiges Gefäß, z. B. eine Vase. So sehen Sie, wie Sie Schritt für Schritt vorankommen.

Wer lieber mit einer Tafel oder einem Plakat arbeitet, kann die eigenen Fortschritte natürlich auch mithilfe von Aufklebern, Magneten oder bunten Farbpunkten visualisieren. Menschen mit einem Faible für Listen können sich eine **Have-done-Liste** anlegen. Sie sehen: Ihrer Kreativität sind keine Grenzen gesetzt. Es kommt lediglich darauf an, die eigenen Fortschritte so zu dokumentieren, dass Sie sie auch sinnlich wahrnehmen können.

Regelmäßig belohnen

Wie bereits mehrfach erwähnt, ist es wichtig, dass Sie sich für Fortschritte belohnen, zum Beispiel, wenn Sie einzelne Etappenziele erreicht haben. Dabei muss es sich nicht unbedingt um etwas Materielles handeln, auch eine bewusst genossene Kaffeepause, ein schönes Telefonat mit einem netten Menschen (ohne schlechtes Gewissen) oder ein Eigenlob sind angemessene Belohnungen.

Übung

Füllen Sie die folgende Tabelle aus:

Etappenziele und Belohnungen

Diese Etappenziele stehen in dieser Woche an	So belohne ich mich, wenn ich sie erreiche

Schenken Sie sich vor allem dann Anerkennung, wenn Sie sich zu einer Aufgabe überwunden haben, die Ihnen schwerfällt. Vervollständigen Sie dazu die folgenden Sätze (vgl. Grolimund 2018):

Wenn ich mich zu einer unliebsamen Aufgabe durchgerungen habe, zolle ich
mir selbst Respekt, indem ich mir Folgendes sage:

_____

_____

_____

Wenn ich eine Weile drangeblieben bin, auch wenn es zwischenzeitlich zäh
war, belohne ich mich, indem ich:

_____

_____

_____

Routinen entwickeln

Um unliebsame Aufgaben abzuarbeiten, benötigen Sie Willenskraft. Sie müssen
sich aktiv dafür entscheiden, die entsprechenden To-dos anzugehen und dranzu-
bleiben. Den inneren Widerstand können Sie systematisch verkleinern, indem Sie
Routinen etablieren.

Denn: Wenn Sie bestimmte Aufgaben täglich verrichten, gehen Sie sie auto-
matisch an, ohne sich aktiv dazu motivieren zu müssen. Wenn Sie jeden Tag beispielsweise drei Stunden schreiben, gewöhnen Sie sich nach und nach daran und
machen sich keine Gedanken mehr darüber, ob Sie überhaupt schreiben wollen
oder gerade in Form sind.

Eine Routine entsteht nicht von heute auf morgen, deshalb sollten Sie möglichst frühzeitig damit anfangen, eine neue Gewohnheit zu etablieren. Doch es
lohnt sich – gerade bei Abschlussarbeiten, die sich über Wochen oder Monate
hinziehen.

Verbinden Sie eine Aufgabe, die Sie sonst gerne aufschieben, mit etwas, das
Sie ohnehin täglich tun. Machen Sie es sich beispielsweise zur Gewohnheit, jeden
Tag nach der Kaffeepause eine halbe Stunde zu schreiben. Diese Regelmäßigkeit
hilft dabei, den Schreibfluss zu automatisieren. Der Einstieg fällt Ihnen leichter
und Sie hinterfragen nicht mehr alles, was Sie schreiben (vgl. Grolimund 2018).

Übung

Notieren Sie: Welche Aufgabe schieben Sie regelmäßig vor sich her?

_____

Wir könnten Sie sie mit einer Aktivität verbinden, die Sie täglich ausführen?

Nehmen Sie sich nicht zu viel Neues vor, sonst überfordern Sie sich. *Eine neue Gewohnheit ist erst einmal genug.* Nun brauchen Sie „nur noch" Disziplin, um die Aufgabe tatsächlich jeden Tag abzuarbeiten. Das mag Ihnen am Anfang schwerfallen, aber mit der Zeit wird es leichter – versprochen!

Schreibgruppen
Wer Probleme hat, sich zum Schreiben zu motivieren, ist in einer Schreibgruppe gut aufgehoben. Gleichgesinnte treffen sich dabei zu festen Terminen in einem Raum und arbeiten – jeder für sich – an der eigenen Arbeit. Im Idealfall schließen sich Kommiliton(inn)en aus einem Fachbereich zusammen, so lassen sich bei Bedarf auch fachliche Probleme klären. Allerdings besteht – je nach Zusammensetzung der Gruppe – auch die Gefahr, dass sich die Teilnehmerinnen und Teilnehmer gegenseitig von der Arbeit ablenken.

▶   **Lesetipp** Das Buch „Zusammen schreibt man weniger allein – (Gruppen-)Schreibprojekte gemeinsam meistern" von Melanie Fröhlich, Christiane Henkel und Anna Surmann (vgl. Fröhlich et al. 2017) liefert enthält viele praktische Übungen und Tricks für das gemeinsame Schreiben.

Probieren Sie einmal aus, ob Sie sich in einer Schreibgruppe wohlfühlen. Wenn ja, ist das eine gute Methode, um eine gewisse Schreibroutine zu entwickeln. Wenn nicht, schreiben Sie lieber alleine.

Selbstbestätigung
Wie bereits in Abschn. 5.1 beschrieben, hindert uns oft unser innerer Zensor daran, etwas zu Papier zu bringen. Vielleicht lief bei der letzten Seminararbeit etwas schief, oder wir glauben, nicht wissenschaftlich formulieren zu können.

Dieses negative Selbstbild hemmt uns und sorgt dafür, dass wir bereits während des Schreibens an unseren Formulierungen herummäkeln. In der Folge entsteht kein guter oder gar kein Text – ein Teufelskreis. Mit positiven Botschaften zur Selbstbestätigung können Sie diesen Kreis durchbrechen.

Schreiben Sie sich beispielsweise den Satz auf: „Ich werde eine gute Abschlussarbeit schreiben." Sammeln Sie Argumente, warum das der Fall sein wird, z. B.: „Ich hatte in den ersten drei Seminararbeiten gute Noten. Meine

Zweitkorrektorin hilft mir außerdem dabei, ungelenke Formulierungen zu verbessern und Tippfehler auszumerzen."

Möglicherweise verspüren Sie erst einmal innere Widerstände gegen diese Technik, sie kommt Ihnen vielleicht albern oder sinnlos vor. Die Wirksamkeit der Autosuggestion ist allerdings wissenschaftlich erwiesen (vgl. Marakovits 2013).

Übung

Worin möchten Sie sich selbst bestätigen?

_____

_____

_____

Finden Sie nun Argumente, die dafür sprechen, dass genau das passieren wird:

_____

_____

_____

_____

_____

Lesen Sie Ihre Liste mit Argumenten regelmäßig durch oder hängen Sie eine Kopie der Liste an einem Ort auf, an dem Sie sie immer wieder sehen (Badezimmerspiegel, Kühlschrank etc.).

Verwenden Sie nur Sätze, die Sie für sich belegen können und hinter denen Sie – wenn auch vielleicht mit ein paar Zweifeln – stehen. Wenn Sie davon überzeugt sind, überhaupt nicht formulieren zu können, sagen Sie sich nicht vor: „Ich bin ein(e) hervorragende(r) Schreiber(in)". Sagen Sie sich lieber: „Ich gebe mein Bestes und ich werde eine zufriedenstellende Arbeit abgeben."

Ihre persönlichen Gegenmaßnahmen

Möglicherweise haben Sie ganz persönliche Tricks, die Ihnen bereits einmal gegen eine Schreibblockade oder Aufschieberitis geholfen haben. Legen Sie sich eine Liste an, in der Sie in einer Spalte Ihre Schreibprobleme notieren und in einer zweiten **Ihre individuellen Lösungsstrategien**. Dadurch fokussieren Sie sich auf die Lösung – und können bei Bedarf zu einem späteren Zeitpunkt wieder auf diese Notfallliste zurückgreifen.

Was Sie aus diesem *essential* mitnehmen können

1. Sie können Ihren eigenen „Thesisfahrplan" entwickeln, der Sie durch die Zeit der Abschlussarbeit führt.
2. Sie wissen, wie Sie die Arbeitsbedingungen optimieren können und dadurch Zeit gewinnen.
3. Sie kennen einige Zeitmanagementmethoden, die Sie leicht anwenden können, darunter die ALPEN-Technik, die ABC-Analyse und die Eisenhower-Methode.
4. Sie wissen, worin Ihre persönlichen Zeitfresser bestehen und wie Sie sie vermeiden können.
5. Sie kennen verschiedene Tricks und Techniken, um Aufschieberitis und Schreibblockaden zu überwinden.

© Springer Fachmedien Wiesbaden GmbH, ein Teil von Springer Nature 2020   51
K. Folz, *Zeitmanagement bei der Abschlussarbeit,* essentials,
https://doi.org/10.1007/978-3-658-28980-5

Literatur

Bensberg, G., und J. Messer. 2014. *Survivalguide Bachelor. Dein Erfolgscoach fürs ganze Studium – Nie mehr Leistungsdruck, Stress & Prüfungsangst – Bestnoten mit Lerntechniken, Prüfungstipps!* Berlin: Springer.

dpa. 2014. Arbeitnehmer brauchen bei der Büroarbeit Abwechslung. https://www.aachener-zeitung.de/ratgeber/bildung-beruf/arbeitnehmer-brauchen-bei-der-bueroarbeit-abwechslung_aid-25802839. Zugegriffen: 1. Okt. 2019.

Esselborn-Krumbiegel, H. 2015. *Tipps und Tricks bei Schreibblockaden.* Paderborn: Schöningh.

Folz, K., und D. J. Brauner. 2017. *Studi-SOS Bachelor- und Masterarbeit. Erste Hilfe fürs wissenschaftliche Arbeiten*, 2. Aufl. Sternenfels: Wissenschaft & Praxis.

Fröhlich, M., C. Henkel, und A. Surmann. 2017. *Zusammen schreibt man weniger allein – (Gruppen-)Schreibprojekte gemeinsam meistern.* Opladen: Budrich.

Grolimund, F. 2018. *Vom Aufschieber zum Lernprofi. Bessere Noten, weniger Stress, mehr Freizeit.* Freiburg i. Br.: Herder.

Heimsoeth, A. 2015. *Chefsache Kopf: Mit mentaler und emotionaler Stärke zu mehr Führungskompetenz.* Wiesbaden: Springer Gabler.

Janson, S. 2007. *Selbstorganisation und Zeitmanagement.* München: Redline & FinanzBuch.

Klöckner, L. 2012. Lärmforschung: Wie Musik der Konzentration schadet. https://www.zeit.de/studium/uni-leben/2012-11/Geraeusche-schaden-Konzentration-2/komplettansicht. Zugegriffen: 30. Sept. 2019.

Kögler, N. F. 2011. Mach mal Pause. https://www.zeit.de/karriere/beruf/2011-03/Pausen-Arbeitstag-Mitarbeiter. Zugegriffen: 1. Nov. 2019.

Marakovits, N. 2013. Autosuggestion: Wundermittel oder Psychotrick? https://www.derstandard.at/story/1360681620111/autosuggestion-wundermittel-oder-psychotrick. Zugegriffen: 30. Okt. 2019.

Mayer, J. 2007. *Zeitmanagement für Dummies. Gut organisiert durchs Leben.* Weinheim: Wiley (Hörbuch).

Merlot, J. 2015. Mythos oder Medizin: Macht stickige Luft müde? https://www.spiegel.de/gesundheit/diagnose/macht-stickige-luft-muede-mythos-oder-medizin-a-1025251.html. Zugegriffen: 30. Sept. 2019.

© Springer Fachmedien Wiesbaden GmbH, ein Teil von Springer Nature 2020
K. Folz, *Zeitmanagement bei der Abschlussarbeit*, essentials,
https://doi.org/10.1007/978-3-658-28980-5

Rückert, H.-W. 2011. *Schluss mit dem ewigen Aufschieben! Wie Sie umsetzen, was Sie sich vornehmen*. Frankfurt a. M.: Campus (E-Book).

Seiwert, L. 2018. *Das 1 x 1 des Zeitmanagement. Zeiteinteilung, Selbstbestimmung, Lebensbalance*, 5. Aufl. München: Gräfe und Unzer (E-Book).

Werth, L., A. Steidle, C. Hubschneider, J. de Boer, und K. Sedlbauer. 2013. Psychologische Befunde zu Licht und seiner Wirkung auf den Menschen – Ein Überblick. *Bauphysik* 35 (3): 193–204.

Springer

Tamara Schrammel

Die ersten Bewerbungen für Schüler und Studierende

Ein persönlicher Ratgeber
für Ausbildung, Gap-Jahr,
(Duales) Studium und Praktika

Springer

Jetzt im Springer-Shop bestellen:
springer.com/978-3-658-26214-3

Printed in the United States
By Bookmasters